arikoの
黒革の便利帖

02

はじめに

料理を作るのと同じくらい(いえ、それよりずっと？笑)美味しいものを食べるのが好きな根っからの食いしん坊なので、私にとって外食は大好きな幸せな時間だ。続けているInstagramにも手料理とは別に、食事に出かけたレストラン、旅先でのご当地グルメやお土産などもポストしている。昔から、友人や仕事仲間に「美味しいお店を教えて」「撮影後のランチのおすすめは？」と言われることも度々。フォロワーの方々からもお店や手土産だけを集めたものが欲しいとの声をいただいた。いいお店、美味しいお店は数えられないほどあると思う。そのなかでも月一で通っているお店、私好みのドンピシャな一品を出してくれるお店、ここぞというときに出かける、とっておきのお店などなど、私の好みだけに従って手帖に集まった偏愛してやまない秘リストの数々。なかにはぜひとも紹介したいと熱望していたお店でもどうしても取材おことわりの返事をいただいて泣く泣く掲載を諦めたお店もあるが。気軽に利用していただけたら、食いしん坊としてこれ以上うれしいことはない。

ariko

CONTENTS

03 はじめに

CHAPTER 01
ロケランチ

10 竹葉亭
11 伊豆の旬 やんも
12 米と麦 とろの店 大黒屋
13 郷土・松江の味 銀座皆美
14 魚可津
15 鳥政
16 天ぷら魚新
17 とんかつ まい泉
18 銀座 梅林
19 にっぽんの洋食 赤坂 津つ井
20 リトルリマ
21 elbe
22 スパゴ
23 KNOCK CUCINA BUONA ITALIANA
24 中華香彩 JASMINE
25 石鍋スンドゥブ専門店 姉妹
26 トゥーランドット 臥龍居
27 中国家庭料理 山東
28 池田丸

CHAPTER 02
和食

30 広尾 小野木
31 麻布 かどわき
32 新ばし 笹田
33 とく山
34 まめたん
35 松栄
36 蕎麦割烹 武蔵小山 くらた
37 鶏 しま谷
38 鳥善 瀬尾
39 うなぎ徳
40 とんかつ とんき
41 季節料理 ふぐ 味満ん
42 ふぐ料理 牧野

CHAPTER 03
中華

44 中国料理 榮林
45 家全七福酒家 SEVENTH SON RESTAURANT
46 純広東料理 慶楽
47 Chinese restaurant わさ
48 Hibusuma オリエンタルカフェ
49 中国飯店 富麗華
50 六本木 虎峰
51 MASA'S KITCHEN
52 中華風家庭料理 ふーみん
53 味坊
54 中華料理 李園

CHAPTER 04
イタリアン

56 クチーナ ヒラタ
57 ヴィノ ヒラタ

58 トラットリア・ケ・パッキア
59 Piatto Suzuki
60 PRISMA
61 Pioppino
62 PICCOLO VASO

CHAPTER 05
フレンチ・洋食

64 OGINO
65 ル ブルギニオン
66 FRANZ
67 Salmon & Trout
68 Äta
69 French Cuisine a Specialty ARGENT
70 鉄板焼よしむら
71 キッチンふるはし
72 ロシア料理 ソーニヤ

CHAPTER 06
エスニック

74 ベトナム料理・ビストロ オーセンティック
75 Kitchen.
76 Sugahara Pho
77 Pho 321 Noodle bar
78 台湾料理 麗郷
79 チョンギワ新館
80 珊瑚礁
81 sync
82 YOGORO

CHAPTER 07
肉

84 ステーキハウス ハマ
85 ステーキハウス リベラ
86 CHACO あめみや
87 焼肉チャンピオン
88 本とさや
89 ミート矢澤
90 GOLDEN BROWN

CHAPTER 08
蕎麦・うどん・ラーメン

92 おそばの甲賀
93 総本家 更科堀井
94 そば会席 立会川 吉田家
95 夢呆
96 神田まつや
97 銀座 佐藤養助
98 おにやんま
99 うどん 慎
100 支那ソバかづ屋
101 鶏舎
102 らーめん田

CHAPTER 09
カフェ

104 APOC
105 ホットケーキパーラー Fru-Full
106 果実園リーベル

107　ラウンジ ORIGAMI
108　銀座千疋屋
109　銀座ウエスト
110　BUY ME STAND
111　Anjin
112　THE ROASTERY
113　a Piece of Cake
114　Le Soufflé
115　竹むら
116　櫻井焙茶研究所

CHAPTER 10
パン

118　Centre the Bakery
119　イトウベーカリー
120　明治屋
121　breadworks
122　パンのペリカン
123　ベーカリー＆カフェ 沢村
124　カタネベーカリー
125　THE CITY BAKERY Hiroo
126　365日
127　HEART BREAD ANTIQUE
128　ジャンティーユ

CHAPTER 11
ariko's JOURNEY

130　北海道
140　湯河原
144　別府
148　湯布院と日田

CHAPTER 12
手土産

和の手土産
154　麻布昇月堂の
　　　一枚流し麻布あんみつ羊かん
155　京はやしやの抹茶葛ねり
156　船橋屋こよみの
　　　くず餅プリン
157　紀の善の抹茶ババロア
158　とらやの
　　　和三盆糖入 お汁粉 小倉汁粉
159　御菓子所ちもとの八雲もち
160　空也の空也もなか
161　松島屋のきび大福
162　果匠 正庵のあんず大福
163　竹隆庵岡埜のこごめ大福
164　紅谷のミニどら、豆大福
165　すずめやのどらやき
166　浅草雷門亀十のどら焼
167　御菓子つちやの栗きんとん
168　福砂屋のフクサヤキューブ
169　毘沙門せんべい 福屋の
　　　勘三郎せんべい
170　東あられ本舗の両国シリーズ
171　たぬき煎餅の
　　　チーズサンド たぬ吉
172　おいしい御進物逸品会の
　　　おつまみ百撰 宴の華
173　漁村女性グループめばるの
　　　佐伯ごまだし
174　花錦戸のまつのはこんぶ
175　守半海苔店の
　　　特製海苔茶漬

洋・中華の手土産

- 176 APOCの焼き菓子とパンケーキミックス
- 177 エシレ・メゾン デュ ブールのサブレ・エシレ、ガレット・エシレ
- 178 アニバーサリーのミルクラスク
- 179 西洋菓子しろたえのレアチーズケーキ
- 180 パティスリーモンシェールの堂島ロール
- 181 MATSUNOSUKE N.Y.のアップルパイ
- 182 harittsのドーナツ
- 183 DUMBO Doughnuts and Coffeeのドーナツ
- 184 NATA de Cristianoのパステル・デ・ナタ
- 185 東京フロインドリーブのミートパイ
- 186 ラウンジ ORIGAMIのメープルナッツブレッド
- 187 銀座千疋屋のフルーツサンド
- 188 エクレール・ド・リーブのエクレア
- 189 ピエール マルコリーニのロシェレ
- 190 こぬれ広尾のプリン
- 191 キャトルのうふプリン
- 192 GELATERIA MARGHARAのジェラート
- 193 パレタスのフローズンフルーツバー
- 194 サン・フルーツのフレッシュゼリー
- 195 なかほら牧場のドリンクヨーグルト
- 196 ELLE café COYO
- 197 HAPPY NUTS DAYのピーナッツバター
- 198 SHIBUYA CHEESE STANDの東京ブッラータ
- 199 パーク ハイアット 東京 デリカテッセンのリエット
- 200 スーパーナニワヤのローストビーフ
- 201 TABLE OGINOのパテ・ド・カンパーニュ
- 202 新世界グリル梵のビーフヘレカツサンド
- 203 正華飯店 浅草直売所の肉まん
- 204 金陵のチャーシュー
- 205 清風楼のシウマイ

大人数の手土産

- 206 シェ・リュイのパン・ド・セーグル
- 207 銀座 梅林のヒレカツサンド
- 208 赤トンボのサンドウィッチ
- 209 チョウシ屋のハムカツサンド、コロッケサンド
- 210 ビストロ喜楽亭の自家製おいしいかれーパン
- 211 巴裡 小川軒の小川軒ロール
- 212 KAMEHAMEHA BAKERYのポイ・グレーズド
- 213 浪花家総本店のたいやき

- 214 ひいらぎのたいやき
- 215 ラ・プレシューズの
プチフロマージュ
- 216 おおひらのおにぎり
- 217 大阪鮓 四谷 八竹の
折り詰め
- 218 すし萬の詰め合わせ
- 219 呼きつねのいなり寿司
- 220 おつな寿司のいなりずし
- 221 赤坂有職のちまき寿司

お取り寄せ

- 222 谷口農場の有機栽培
トマトジュース ゆうきくん
- 223 老松酒造のなしのお酒 梨園
- 224 りんごワーク研究所の
完熟アップルジュース
- 225 西森園の
さぬきマルベリーティー
- 226 マルミツ農園の白桃
- 227 朝日園のぶどう
- 228 本格薬膳火鍋守破離の
さぬき薬膳火鍋セット
- 229 はかた天神 とり祥の
特撰 国産若どり
水たきセット
- 230 今井のきつねうどん
- 231 陽はまたのぼるの
もつ鍋セット
- 232 和牛もつ鍋 博多 まつもとの
さぬきもつ鍋 カルボ味
- 233 紋四郎丸の
釜揚げしらす
- 234 二条駿河屋の松露

地図 &
INDEX

- 236 港区（赤坂・六本木）
- 238 港区（麻布・白金）
- 240 渋谷区（恵比寿・広尾）
- 242 渋谷区（神宮前・代々木）・
世田谷区
- 244 中央区・千代田区
- 246 目黒区
- 247 品川区・大田区
- 248 新宿区・文京区・豊島区／
台東区・墨田区
- 249 横浜市／
川崎市・鎌倉市・逗子市

CHAPTER **01**

TITLE

ロケランチ

撮影が終わって、スタッフみんなでのランチタイム。何を選ぶかは現場責任者の腕の見せどころ。男子が多ければガッツリ系、ダイエット中のモデルのためには野菜多めのヘルシー系と選択肢は多いにこしたことはない。とはいえ予算に限りもあり……。人数、寒さ暑さなども考慮してのラインナップを考える。その結果、いつの間にかお値打ち値段で大満足のランチスポットの情報がいっぱいに。

SHOP LIST

01_ 竹葉亭（銀座）
02_ 伊豆の旬 やんも（南青山）
03_ 米と麦とろの店 大黒屋（学芸大学）
04_ 郷土・松江の味 銀座皆美（銀座）
05_ 魚可津（麻布十番）
06_ 鳥政（南青山）
07_ 天ぷら魚新（西麻布）
08_ とんかつ まい泉（神宮前）
09_ 銀座 梅林（銀座）
10_ にっぽんの洋食 赤坂 津つ井（赤坂）
11_ リトルリマ（南青山）
12_ elbe（銀座）
13_ スパゴ（神宮前）
14_ KNOCK CUCINA BUONA ITALIANA（六本木）
15_ 中華香彩 JASMINE（広尾）
16_ 石鍋スンドゥブ専門店 姉妹（恵比寿）
17_ トゥーランドット 臥龍居（赤坂）
18_ 中国家庭料理 山東（横浜）
19_ 池田丸（鎌倉）

01 何杯でも白飯が食べられる
竹葉亭(ちくようてい)

お店の看板は鰻料理だけれど、我々のお目当てはごまダレ風味の鯛茶漬け。しょっぱめのごまダレが絡んだ鯛の切り身をまず白飯で楽しんだら、好みのタイミングで熱々のほうじ茶をかけてお茶漬けに。ごまダレの味がしっかりしているので何杯でも白飯が食べられてしまう。おひつに入った白飯はお代わり自由。食べざかりのカメラマンのアシスタント君のなかには一人前の鯛で八回もお代わりしたツワモノも(笑)。この鯛茶漬けにふっくら焼き上げた鰻の玉子焼きをプラスすればお腹も気分も大満足。

DATA

☎ 03-3542-0789　住 木挽町本店／東京都中央区銀座8-14-7
営 11:30〜14:30／16:30〜L.O.20:00　休 日曜・祝日　MAP P.244

02 香ばしいさば塩焼きが絶品
伊豆の旬 やんも

開店時間の11時半を目指して駆け込まないとあっという間に行列ができてしまう大人気の魚料理店。お昼は数種類の魚のなかから選べる焼き魚や煮魚の定食が楽しめる。鮭の幽庵焼きも美味しそうだし、むつの西京焼きも魅力的。といろいろ迷った結果、いつも選んでしまうのがさば塩焼き。皮はぱりっと香ばしく、身はしっとり焼き上げられた大きな切り身がふたつ。たっぷり添えられた大根おろしにレモンを搾って醤油をひとたらしして炊きたてごはんと頬張るともう……。ごはんもお味噌汁もお代わりできて、サービスもきびきびと気持ちいい。まっ当なお店は貴重な存在。

DATA

☎ 03-5466-0636　住 南青山店／東京都港区南青山5-5-25 T-PlaceビルB1
営 11:30〜14:00(L.O.13:30)　土曜・祝日のみ11:30〜14:30(L.O.14:00)
／18:00〜22:30(L.O.21:30)　木曜・金曜のみ18:00〜23:00(L.O.22:00)
休 日曜　MAP P.236

03 お米屋さんのまっ当な定食
米と麦とろの店 大黒屋
だいこくや

炊きたてのつやつやの銀シャリととろろ汁にめかじきの照り焼きや紅鮭の粕漬け焼き、ヒレかつなどのきちんと手をかけて作った定番のおかずの数々。一見普通の定食なれど、どれを取っても完成度が驚くほど高い。お米屋さんが営むこの定食屋はこってりした料理や肉がダメな人や、グルテンフリー生活をしているモデルたちを連れて行っても必ず喜ばれる。ヘルシーなだけでなく、ボリュームもたっぷりだから腹ペコの男性スタッフも大満足。しかも同じメニューが(夜はおつまみ系メニューも加わる!)昼だけでなく、夜9時半まで食べられるのもうれしい限り。

DATA

☎ 03-3712-8226　住 東京都目黒区碑文谷5-7-2
営 11:30〜14:30(L.O.14:00)／17:30〜22:00(L.O.21:30)
休 水曜　MAP P.246

04 色鮮やかな鯛めし御膳
郷土・松江の味 銀座皆美(みなみ)

島根県松江の名物料理、鯛めしが東京でも食べられるのが銀座皆美。高級料亭さながらの優雅な雰囲気のなかでのゆったりランチは女子多めのロケのときに出かけるとっておきのお店。松江の鯛めしは独特のもの。おひつの白米に、火を入れて細かくほぐした鯛の身、白身と黄身に分けて細かくした茹で卵、大根おろし、わさび、もみ海苔が色鮮やかに別皿に盛りつけられて登場する。茶碗にごはんを盛ってから好みでこの具を盛りつけて熱々のお出汁を注いで食べるお茶漬けスタイル。食欲のないときでもさらさらと食べられてすっとお腹に収まってしまうのがうれしい。

DATA

☎ 03-3289-3751　住 東京都中央区銀座7-9-15ギンザジーキューブ10F
営 11:30〜15:00(L.O.14:00)／17:30〜22:00(L.O.21:00)
休 なし　MAP P.244

05 元は鮮魚店の定食屋さん
魚可津
<small>うおかつ</small>

麻布十番商店街のなかほど、以前は鮮魚店が併設されていた魚料理のお店。昼間はその日に入荷した季節の魚を刺身にしたり、焼いたり、煮たりシンプルに料理した一品をメインにした定食が食べられる。お値打ち価格なので、ロケの後に大人数で押しかけてもお財布にうれしく、食欲旺盛な若いスタッフも満腹満足だ。夜はそこに居酒屋的要素も加わる。揚げ物や和え物など、ひと工夫したおつまみ的な小鉢もいろいろ。締めには高菜チャーハンなどもあるのが心憎い。息子がまだ小さかった頃、お稽古の帰りにさっと食べられるこのお店の存在はありがたかった。

DATA

☎ 03-3401-7959　住 東京都港区麻布十番1-6-5
営 11:30〜14:30(L.O.14:00)／17:30〜23:30(L.O.22:00)
土日祝11:30〜14:30(L.O.14:00)／17:30〜22:30(L.O.21:30)
休 なし　MAP P.238

06 焼鳥丼とラーメンの魅惑のコンボ
鳥政(とりまさ)

撮影スタッフに男子が多いときに訪れるのが青山にある鳥政さんのランチ。行列必至だが、待つだけの価値があるお値打ちランチがいただける。ずらっと奥までのびたカウンターに小上がりがある店内はいつも大盛況。お昼のメニューはどれもたっぷり。なかでも人気なのがミニサイズの焼鳥丼（それでもかなりのボリューム）とラーメンのセット。ラーメンは鶏ガラを使ったクリアなスープが細麺によく絡む絶品。醤油、塩、味噌から選べるがさっぱり味わい深い塩が断然おすすめ。そこにバターをトッピングすればより味わい深くなる。必ずお腹を空かせて出かけたい。

DATA

☎ 03-3405-4515　住 東京都港区南青山3-13-2 山川ビル1F
営 11:30〜14:00／17:00〜23:00　土曜・祝日17:00〜22:00　休 日曜
MAP P.236

07 カラッと揚がった絶品天丼
天ぷら魚新
うおしん

私が大学生だった頃からもう30年以上通っているのがこの天ぷら魚新。店長の宮崎さんが揚げる天ぷらが本当に美味しい。季節の素材をふんだんに取り入れた夜のコースももちろん素晴らしいのだが、お昼の特製天丼はカラッと揚がった海老、アスパラや椎茸、蓮根などの野菜にかき揚げも入った盛りだくさん。撮影スタッフ誰もが泣いて喜ぶ逸品だ。カウンター10席にテーブル席がひとつのお店だから、10人近くの大所帯で行けるのはタイミングが合ったときだけ。それだけに予約が取れて、ずらっとカウンターに並んで同じ天丼を頬張るひとときは本当に幸せなのだ。

DATA

☎ 03-3796-4041　住 西麻布店／東京都港区西麻布1-12-10岩田ビル2F
営 11:30～L.O.14:00／17:30～L.O.21:30　休 日曜・祝日　MAP P.238

08 豊富なメニューが魅力
とんかつ まい泉(せん)

ヒレかつサンドが有名なお店だが、青山の裏通りにある本店の安定感たるや。お昼を食べ損ねた午後の遅い時間などでも、いつ行っても気持ちよく食事ができる。看板である箸で切れるやわらかなとんかつもいいけれど、実は和食的メニューが充実している。握り寿司にお蕎麦、それにヒレひとくちかつが付いたセットは息子の大好物。あれもこれもちょっとずつ食べたいときにとてもありがたい。前菜の胡瓜とカニをマヨネーズで和えたサラダも美味。今はメニューから消えてしまった、鮭とイクラの親子丼にヒレひとくちかつとお蕎麦が付いたセット。個人的に復活してほしい。

DATA

☎ 0120-428-485　住 青山本店／東京都渋谷区神宮前4-8-5
営 11:00〜22:45(L.O.22:00)　休 なし　MAP P.242

09 誰もが笑顔になるカツ丼
銀座 梅林(ばいりん)

どんぶりのふたを開けると食欲をそそる甘辛い香りと表面を覆う卵のビジュアルに誰もが笑顔になってしまう梅林のスペシャルカツ丼。卵でとじた通常のカツ丼にもうひとつ卵がプラスされた贅沢版。箸で崩すと黄身がとろりと流れ出る。脂身を落としたひれ肉を使っているので味わい深く、しかも脂っこくないのがうれしい。腹ペコの男子はもちろん、女子もぺろりと平らげてしまう。カツ丼の他に、ヒレカツ、エビフライ、肉だんごの盛り合わせに赤いケチャップスパゲッティがなんともうれしいミックス定食もおすすめ。休み時間がなく通しで営業しているのもうれしい限り。

DATA

☎ 03-3571-0350 住 東京都中央区銀座7-8-1
営 11:30〜L.O.20:45 休 三が日 MAP P.244

10 懐かしの洋食弁当
にっぽんの洋食 赤坂 津つ井

カラッと揚がったフライやコクのあるデミグラスソース、時々無性に食べたくなるのが昔懐かしの洋食。時間に余裕のあるときに訪れているのが赤坂にある洋食の津つ井。何にしようかメニューを見ながらいつも悩んでしまうけれど、結局落ち着くのはカニクリームコロッケやタンシチュー、お馴染みのカレー風味のもやしマリネまでひとくちずつ盛り込んだAランチ。いろいろ食べたい欲求を満たしてくれる。食べざかりの男子たちに圧倒的な人気なのがやわらかなビフテキ丼。香ばしく焼き上げたステーキに甘辛のバター醤油ダレが絡んでごはんをかっこむ箸がとまらない。

DATA

☎ 03-3584-1851　住 東京都港区赤坂2-22-24
営 11:30〜L.O.14:30／17:00〜L.O.21:30
土日祝12:00〜L.O.15:00／16:30〜L.O.21:30
休 第1、第3日曜・祝日の月曜　MAP P.236

11 骨董通りで神戸牛のハンバーグ
リトルリマ

オシャレなブランドのショップが立ち並ぶ骨董通りに面したビルの地下にひっそりとあるのが神戸牛の鉄板焼きが食べられるリトルリマ。お昼におすすめなのがハンバーグランチ。旨みたっぷりの神戸牛100％で作られたハンバーグはフライパンとオーブンでふっくらと焼き上げられて、つやつやシルキーなデミグラスソースをまといながら、人参のグラッセ、ポテトサラダ、胡瓜を伴って現れる。お皿に盛ったライスとお味噌汁とセットで食せば笑顔になること間違いなし。150gから300gまで好みに応じて選べるのも大人数のときにはうれしい。

DATA

☎ 03-3400-9760　住 東京都港区南青山5-12-2倉沢ビルB1
営 11:30～15:00(土日祝12:00～)／18:00～21:30(ディナー予約制)
休 なし　MAP P.236

12 ごはんに合うシチュー
elbe
エルベ

銀座、歌舞伎座の裏手にあるシチューの専門店。冬、寒風吹きすさぶ路上で薄手の春物を凍えながら撮影したら、恋しくなるのは土鍋で供される熱々のシチュー。じっくり煮込まれた特製のデミグラスソースにほろほろにほどける牛バラ肉やタン、彩りよく仕上げられた人参やブロッコリーの歯ごたえも楽しい。いつも注文するのはビーフとタンの両方を楽しめるミックス。エルベのシチューはコクがあるのにさらっとしていて後味爽やか。パンよりなぜかごはんに合う。レンゲですくって一緒に食べすすむうちにいつの間にかほかほかに温まっているという寸法。

DATA

☎ 03-3541-2050　住 東京都中央区銀座3-13-17山田ビル1F
営 11:30〜L.O.14:30／17:30〜L.O.22:00　休 日曜・祝日　MAP P.244

13 いつ食べても落ち着く味
スパゴ

自他共に認める魚卵マニアの私にとってタラコパスタはソウルフードのようなもの。家でも作るし、お店でもよく注文する。撮影終わりのランチでよく行くのが千駄ヶ谷にあるスパゴ。千駄ヶ谷小学校前で30年以上営業しているパスタの老舗だ。お馴染みの木のボウルに入ったタラコとイカのパスタ。それにキムチをトッピングするのが定番だ。ほのかに香るバターが食欲を刺激して、いつ食べても大満足の美味しさ。他にも自家製マスタードドレッシングに新鮮な野菜がモリモリ入ったサラダスパや冬場のロケで冷え切った身体を芯から温めてくれるスープスパもおすすめ。

DATA

☎ 03-3497-0721　住 東京都渋谷区神宮前2-35-9原宿リビン
営 11:30〜21:00　休 日曜　MAP P.242

14 みんなが満足できるイタリアン
KNOCK CUCINA
BUONA ITALIANA
(ノック クッチーナ ボーナ イタリアーナ)

メニューにパスタ1000本ノックと記されるほどパスタが充実しているのが魅力。季節の素材を使ったものも魅力的だが、定番のミートソースは誰が食べても間違いない美味しさ。チーズや卵のタルタルをのせたものなどのアレンジも人気だ。エレナサラダは8種類以上の野菜とナッツを合わせた食べごたえある一品。ドレッシングが美味しくていつも作り方を聞きたくなる。ランチタイムにはパスタにサラダとスープが付いたセットがリーズナブル。お水の代わりにアイスティーを出してくれるのもうれしい限り。

DATA
☎ 03-3478-8220　住 六本木本店／東京都港区西麻布3-2-11第二谷澤ビル1F
営 11:30～15:00(L.O.14:00)／17:30～24:00(L.O.22:30)
土日祝11:30～15:00(L.O.14:30)／17:30～23:00(L.O.22:00)
休 年末年始　MAP P.236

15 ピリリと刺激的な本格中国料理
中華香彩 JASMINE
<small>ジャスミン</small>

今や大人気店となり、タイミングが合わないと大人数ではなかなか行けなくなってしまった中国料理の名店ジャスミン。開店時間前に撮影が終わったときなどは息せき切って駆け付ける。名物のよだれ鶏や麻婆豆腐を始め、黒酢の酢豚、胡麻みそ担担麺、ふかひれの鶏白湯煮込み麺など充実のラインナップ。よだれ鶏はふっくらとした鶏肉に花山椒の香りが爽やかな甘酸っぱ辛い特製のタレがたっぷり絡んだ、白飯がいくらでも食べられる一品。定食に麻婆豆腐を少量添えることも可能。お値打ち価格なのにどのメニューにもひとくちの野菜ジュースと杏仁豆腐がサービスされるのもありがたい。

DATA

☎ 03-5421-8525　住 広尾本店／東京都渋谷区広尾5-22-3 広尾西川ビル1F
営 11:30〜15:00(L.O.14:30)／18:00〜23:00(L.O.22:00)
休 年末年始　MAP P.240

16 汗をかいてデトックス
石鍋スンドゥブ専門店 姉妹(チャメ)

辛いもの好きカメラマンから教えてもらった石鍋スンドゥブの専門店。一人前用の石鍋にぐつぐつと煮え立った真っ赤なスープはインパクトも満点。これに石鍋のごはんと生卵、ナムルをセットにしたランチが定番だ。さまざまな具材の種類があるが豚肉と旨みの出るアサリは必ず入れたいところ。味わいがまろやかになるチーズも美味しい。熱々のうちに生卵を割り入れたら、韓国のスプーン、スッカラでごはんをすくいスープに浸して口に運ぶ。さまざまな具材の入ったスープはただ辛いだけではなく旨みたっぷり。おおいに汗をかいて、食べた後はすっきりデトックス。

DATA

☎ 03-5724-4566　住 東京都渋谷区恵比寿南2-1-1
営 11:30〜23:00(スープがなくなり次第、仕込み休憩または終了の可能性あり)
休 年末年始・夏季休暇あり　MAP P.240

17 滋味あふれる中華粥
トゥーランドット臥龍居

早朝から始めたロケが順調に終わって、何か食べたいけれどランチにはまだ早いというときに訪れるのが、朝から営業していて美味しい中華粥が食べられるこのトゥーランドット。ひとり用の土鍋に入った熱々の中華粥は生姜の風味がきいた鶏、さっぱりとした野菜、ピータンの3種類。スープのようにトロトロに煮込まれた中華粥は滋味あふれる美味しさ。脂っこい中華は苦手というモデルたちからも大人気だ。別添えの搾菜や特製のXO醤、パクチーなどの薬味をいろいろ並べて味変しながら食べるのがおすすめ。優しい味わいのトマトと卵の炒め物もお粥とよく合う。

DATA

☎ 03-3568-7190　住 東京都港区赤坂6-16-10
営 8:00～L.O.22:00／土日祝9:00～L.O.22:00　休 年末年始　MAP P.236

18 もちもちの水餃子
中国家庭料理 山東(さんとん)

横浜ロケのお楽しみで通っているのが、中華街にある山東。以前は古い小さなお店だったのが、あれよあれよというううちに近くにぴかぴかの別館ができてしまった。名物の水餃子を始め何を食べても美味しいからその人気もうなずけるところ。おすすめの水餃子はもちもちの皮にニラ多めの肉あんがとてもジューシー。ひとくちかじれば肉汁が口いっぱい広がる。ココナッツが入った特製のタレに浸けて食べればいくつでも食べられてしまう。帰りには凍ったままをワイルドにビニール袋に入れてくれるお土産用の水餃子(タレも付いてくる)をお忘れなく。

DATA ─────

☎ 045-212-1198　住 山東2号店／神奈川県横浜市中区山下町150-3
営 11:00〜25:00(L.O.24:30)　休 なし　MAP P.249

19 獲れたてのしらすを目当てに
池田丸
<small>いけだまる</small>

湘南の海でロケしたら、帰りのごはんはやっぱり新鮮な魚介料理が楽しみ。そんなときに足を運ぶのが腰越沖で獲れた新鮮な地魚が食べられる池田丸。特に獲れたてのしらすの美味しさは特筆もの。ふんわりやわらかに茹で上げられた釜揚げしらすは塩加減もほどよく本当に美味しい。運がよければぴちぴちの生しらすにも出会うことができる。新鮮なしらすを堪能できるしらす丼を始め、地魚数種類を盛り合わせた刺身定食や海鮮丼、しっとり香ばしく焼き上げられた旬の焼き魚定食などメニューは豊富。そこにかりっと香ばしいしらすのかき揚げを添えればさらに満足度がアップ。

DATA

☎ 0467-61-2424　住 稲村ヶ崎店／神奈川県鎌倉市稲村ヶ崎3-5-17
営 11:30〜14:30／17:00〜21:00　休 不定休　MAP P.249

CHAPTER **02**

TITLE

和食

季節の素材の持ち味を最大限に引き出し、目でも舌でも楽しめる和食をいただいていると日本人に生まれてよかったとしみじみ感じる。和食といっても本当にいろいろ、背筋がピンとのびるような端正な懐石や小気味のいい割烹、親しい仲間で囲む鍋料理などどれも楽しく気分が上がる。使われている器も楽しみのひとつ。伝統的な名品に個性的な作家ものまで盛りつけを含め、とても参考になる。

SHOP LIST

- **20_** 広尾 小野木(広尾)
- **21_** 麻布かどわき(麻布十番)
- **22_** 新ばし 笹田(西新橋)
- **23_** とく山(西麻布)
- **24_** まめたん(谷中)
- **25_** 松栄(恵比寿)
- **26_** 蕎麦割烹 武蔵小山 くらた(武蔵小山)
- **27_** 鶏 しま谷(恵比寿)
- **28_** 鳥善 瀬尾(麻布十番)
- **29_** うなぎ徳(西麻布)
- **30_** とんかつ とんき(目黒)
- **31_** 季節料理 ふぐ 味満ん(六本木)
- **32_** ふぐ料理 牧野(浅草)

20 器も料理もセンスが素敵
広尾 小野木
####### おのぎ

気のおけない女友達と一緒に出かけることが多い小野木さん。気軽に飲んで食べられてサービスもとても心地よく、一度来た人は必ずリピーターになる。いつも注文するのが前菜いろいろスペシャル盛り。大きめの皿に季節の素材を活かしたおつな味わいの前菜が7～8種類も。どれからいこうかとにんまりしてしまう。パクチーのおひたしや3種類のチーズにいぶりがっこがアクセントのポテトサラダ、そしてオリジナルのキャベツ味噌…etc. ご主人の小野木さんの作る料理はきちんと和食なのにどれもひとひねりした工夫が光る。締めは土鍋の炊き込みご飯。今夜も食べ過ぎ必至。

DATA

☎ 03-6447-7657 　住 東京都渋谷区広尾5-8-11-2F
営 18:00～L.O.24:00(土曜～L.O.23:00)　休 日曜・祝日　MAP P.240

21 スポーツカーの和食
麻布かどわき

かれこれ20年近くのお付き合いになるかどわきさん。今日は贅沢するぞという特別なことがある日に訪れると確実に気分が上がる。ふぐ、松茸、松葉ガニなどただでさえ贅沢な季節の素材がさらに味わいを増すようにと珍味の数々を従えて次々と繰り出されるからたまらない。締めは定番になっているトリュフご飯。炊きたての土鍋ごはんに仕上げのトリュフをこれでもかとかけ続けるパフォーマンスが名物だ。高級なのにどこか小気味よいのがかどわきの身上。うちの料理はリムジンじゃなくてスポーツカーというご主人の言葉に納得。ちなみにおせち料理も素晴らしい。

DATA

☎ 03-5772-2553　住 東京都港区麻布十番2-7-2ローズハウス麻布十番1F
営 17:30〜24:00(L.O.22:00)
休 日曜・祝日　MAP P.238

22 大人だからわかるよさ
新ばし 笹田(ささだ)

仲のいい食いしん坊仲間に連れてきてもらったのが新橋の繁華街から少し離れた場所にひっそりと建つ笹田さん。まっ白なのれんをくぐって、清潔感あふれたカウンターに座るとすっと背筋がのびる。ご主人の作る料理はまさに正統派。奇をてらった派手な仕掛けなどに頼らない質実剛健さが魅力。まず供される壬生菜(みぶな)と油揚げの温かいおひたしはじんわりとしみ渡る美味しさ。とにかくお出汁が素晴らしいのだ。お椀をいただくとそのことがよくわかる。産地が異なる場所の鮎の食べ比べや秋の松茸づくしなど、このお店に来ると日本人でよかったと改めて実感するのだ。

DATA

☎ 03-3507-5501
住 東京都港区西新橋1-23-7プレシャスコート虎ノ門1F
営 18:00〜L.O.21:00　休 日曜・祝日　MAP P.236

23 気負わず楽しめる大人の割烹
とく山(やま)

ふぐ料理の名店としてつとに有名だけれど、ふぐの時季以外の割烹料理店としてのポテンシャルも異常に高いのは知る人ぞ知るところ。長い一枚板のカウンターに小上がり代わりのテーブル席がひとつ。30年以上の歴史がこのお店の雰囲気をこなれたものにしているような気がする。気負わない雰囲気で食事を楽しんでいる大人が多いのはとても素敵だ。季節の一品と定番の料理をほどよくミックスした品書きを眺めながら好きなものを好きなだけ。特に刺身の盛り合わせにはきっと感動させられるはず。締めの土鍋ごはんもしかり、余ったらお土産にしてくれるのもうれしい限り。

DATA
☎ 03-3498-0428
住 東京都港区西麻布4-11-28エンパイヤーマンションB1
営 17:00〜23:00(L.O.22:00)　休 月曜　MAP P.238

24 才気あふれるソロオペ和食
まめたん

東京の古き良き下町風情を感じさせる谷中にある小さな和食店。元は炭屋さんだったという古民家を改装したカウンター8席に小上がりひとつ。ひとりで切り盛りしている若き店主の秦さんが作る料理は老舗料亭「紀尾井町 福田家(ふくだや)」仕込みのしっかりとした技術に、斬新なアイデアを軽やかに取り入れたセンスあふれる仕上がり。天然鮎やふぐなどの高級食材も取り入れながらの圧巻の内容で5,800円という良心的な価格に驚かされる。器使いも楽しく、ジャケ買いしているという日本酒のセレクトも素晴らしい。帰りにはきっと次の予約を入れたくなるはず。

DATA

☎ 080-9826-6578　住 東京都台東区谷中1-2-16
営 12:00〜14:00／18:00〜22:00　休 月曜　MAP P.248

25 おまかせコースが楽しい
松栄
まつえ

まだ20代だった頃、自腹で行けて満足度の高いお寿司屋さんを探して出会って以来、30年以上通い続けているのがこの松栄。せっかくお寿司を食べるのだから、高い代金を払って、お仕着せのコース一本というのではなんだか物足りない。この松栄ではいつ行ってもネタケースにきちんと仕込みされた新鮮なネタがずらりと並んでいる。握りの前につまみが次々と出てくるおまかせのコースが人気だが、おつまみを食べすすむうちに肝心の握りの前にお腹がいっぱいになってしまうのが惜しくて、最近はおつまみと握りを交互に出してもらうスタイルでお願いしている。

DATA
☎ 03-3711-4364　住 恵比寿本店／東京都渋谷区恵比寿南1-2-4
営 11:30〜14:00／17:00〜23:00　休 なし　MAP P.240

26 まっ当な和食とお蕎麦
蕎麦割烹 武蔵小山 くらた

自宅の近所に気軽に和食が楽しめるお店があったらいいなと思っていたところに、仲良しのシェフから教えてもらったのが蕎麦割烹くらたさん。蕎麦割烹の名店で修業されたという若きご主人ががんばっているので応援したくなる。季節の素材を美しい器で食すという和食の醍醐味を守りながら、炙り寿司や手打ちの蕎麦が供されるのが魅力。アラカルトも豊富に揃っているけれど、コースが絶対におすすめ。目にも美しい先付けから始まって、刺身、焼き物、炙り寿司、締めのせいろ蕎麦まで充実のラインナップ、しかも日本酒も充実していてコストパフォーマンスも満点。

DATA

☎ 03-5773-1268　住 東京都品川区小山3-2-18
営 17:30〜24:00(L.O.23:30)／ランチ(土日祝のみ)11:30〜14:00
休 月曜　MAP P.247

27 お寿司のように鶏料理を楽しむ
鶏 しま谷
とり たに

広尾と恵比寿の間、下町風情漂う一角。カウンターでお寿司のように鶏料理を楽しんでほしいと、中目黒にある鶏鍋の名店はし田屋の料理長だった島谷さんがオープンしたお店。メニューはおまかせコース一本で、日によって内容が変わる。カウンターに座れば目の前に小ワザのきいた小皿が次々と供される。濃い旨みと歯ごたえが特徴のおやどりのたたきやさまざまな部位が楽しめる串焼きなどの合間には自家製デミグラスソースで食べるせせりのクリームコロッケなどの洋風の一品も。締めはトロトロの親子丼、キンカンの卵ごはんなど魅力的なラインナップが揃っている。

DATA

☎ 03-6721-6696 　住 東京都渋谷区恵比寿2-5-7
営 17:00〜23:30(L.O.22:30) 　休 なし　MAP P.240

28 深夜の焼鳥
鳥善 瀬尾
とりぜん　せお

落語が好きで、仕事仲間で落語部を結成して聴きに行っている。21時過ぎに終わって足が向くのが瀬尾さん。人気のお店なので一回転めのお客さんがはけるのを見越して電話をしてみる。運がよければその時間から絶品の焼鳥に舌鼓を打てる塩梅だ。長くのびたカウンターに陣取って、次々に供される串を味わう。からしで食すせせりや棒状のつくねなどの充実の焼鳥に加え、モッツァレラチーズをのせたミニトマトや白肝のムースなど鶏以外のメニューもひと工夫されたものがいろいろ。締めは焼鳥丼か稲庭うどんか、深夜だというのを忘れていつも楽しく悩み、今夜も腹ぱんに。

DATA

☎ 03-5574-8881　住 東京都港区麻布十番1-4-2カーサツルオカB1
営 18:00～L.O.23:00　休 日曜　MAP P.238

29 病みつきになる鰻の櫃(ひつ)まぶし
うなぎ徳(とく)

櫃まぶしという鰻料理を知ったのは本店が鰻の名産地、浜松にあるこのお店でのこと。銘々盆に木のお櫃と出汁の入った急須、ごはん茶碗がのせられてやってくる。ふたを開けるとつやつやの蒲焼が刻まれた状態で炊きたてごはんの上にずらりと並び、食欲をそそる甘辛味の匂いが立ち上る。いそいそと茶碗に盛りつけてまず一杯目は山椒をかけてそのままいただく。二杯目はさらしねぎとおろしわさびでさっぱりと。そして頃合いを見て、熱々のお出汁をかけてお茶漬けに。櫃まぶしの前にうまきや肝焼を追加すればさらに満足度がアップする。

DATA

☎ 03-5464-1808　住 西麻布店／東京都港区西麻布4-17-33
営 11:30〜L.O.14:00／17:30〜L.O.22:30(日曜のみL.O.21:30)
休 月曜　MAP P.238

30 全てが清潔で気持ちがいい
とんかつ とんき

目黒駅からほど近い、池波正太郎氏も愛したとんかつの老舗。厨房を囲むようにコの字形にのびた白木の長いカウンターはいつ行ってもいっぱいだ。順不同に座っていても必ず、正確に順番を呼ばれるのが不思議だ。とんかつを揚げ、熱々をカットし、皿に盛りつける。ひとりのお客さんにはビールとスポーツ新聞、皿にキャベツがなくなればさっと補充してくれる。とんきのカウンターの内側は全てがシステマティック。カリッと香ばしい衣が特徴のヒレかつができあがるまで、きびきびと立ち働く人々を眺めながら待っている時間が楽しい。今日もとんき劇場は絶好調。

DATA

☎ 03-3491-9928　住 東京都目黒区下目黒1-1-2
営 16:00〜22:45　休 火曜・第3月曜　MAP P.246

31 最高峰のふぐが食べられる
季節料理 ふぐ 味満ん

六本木のはずれにひっそりと佇む、言わずと知れたふぐの名店。佇まいはカジュアルな雰囲気なのに、客層はまったくカジュアルとは真逆の濃いメンバーばかり。カードが使えず、現金のみの支払いでひとり5万円はする超高級店なのだが、それでも一度は体験してほしい。まず、あんきもダレで食すふぐ刺が衝撃的な美味しさ。これまで食べていたふぐはなんだったんだろうと思うほどの深い味わい。大ぶりの唐揚げも、とろりと濃厚な白子焼きも、旨みたっぷりの雑炊も、とにかく何を食べても別次元のふぐ料理を味わえる。またがんばって貯金しなくちゃ。

DATA
☎ 03-3408-1512 (or 03-3408-2910)　住 東京都港区六本木3-8-8 Wooビル1F
営 18:00〜24:00(L.O.21:30)
休 4月〜6月は毎週日曜・年末年始・夏季休暇あり　MAP P.236

32 白味噌仕立ての毛ガニ鍋が圧巻
ふぐ料理 牧野

冬場になると訪れたくなるのが、浅草にある牧野。基本はふぐ料理のお店だが、毛ガニをまるまる一杯使った白味噌仕立ての鍋が絶品だ。元々は豚バラ肉と大根を使ってお店のまかないとして食べられていたというこのお鍋、現在は贅沢にも毛ガニと大根で作られている。ちょっぴりピリ辛の白味噌味仕立てにバターをたっぷり、甘味のある毛ガニはもちろん、カニの旨みをたっぷりと吸った大根がごちそうだ。そして締めは中華麺か雑炊か、もしくはどちらも！ タイミングがよければ雑炊にイクラを散らしてもらえる。ふぐ料理を楽しんだ後の毛ガニの贅沢鍋、まさに天国。

DATA

☎ 03-3844-6659　住 東京都台東区松が谷3-8-1
営 17:00〜22:00　休 木曜（冬季は無休、夏季は休み）　MAP P.248

CHAPTER **03**

TITLE

中華

家族や親しい友人が揃ったら囲みたくなるのが中華のテーブル。それぞれが食べたい料理をいろいろ頼んでシェアするのがとても楽しい。昔ながらのクラシックなスタイルももちろん美味しいが、最近では美味しいものをちょっとずつという考えで生まれたシェフおまかせの多皿系のコースも人気で、選ぶ楽しさが増えた。秋から冬にかけてなら、この時季ならではの上海ガニも堪能したい。

SHOP LIST

- **33_** 中国料理 榮林（赤坂）
- **34_** 家全七福酒家 SEVENTH SON RESTAURANT（丸の内）
- **35_** 純広東料理 慶楽（有楽町）
- **36_** Chinese restaurant わさ（六本木）
- **37_** Hibusuma オリエンタルカフェ（八雲）
- **38_** 中国飯店 富麗華（東麻布）
- **39_** 六本木 虎峰（六本木）
- **40_** MASA'S KITCHEN（恵比寿）
- **41_** 中華風家庭料理 ふーみん（南青山）
- **42_** 味坊（神田）
- **43_** 中華料理 李園（横浜）

33 マイベスト酸辣湯麺
中国料理 榮林(えいりん)

酸っぱくて辛い酸辣湯麺。いろいろなタイプがあるけれど、マイベストを独断と偏見で選べば間違いなくこの赤坂榮林をいちばんに推したい。なめらかな溶き卵にとろみもほどよいスープは酸味と辛さのバランスが絶妙で、細めの麺によく絡む。ただ辛いだけでなく旨みがちゃんときいたスープは全部飲みほしてしまうほど。ランチタイムには蒸籠で供される焼売とセットで。元々はお座敷中華という庭園を望む個室が昭和のよき時代を感じさせる高級店だが、今では気軽に入れる雰囲気に。大人数のロケランチでもひとりでも、どちらでも使い勝手がいいのもうれしい。

DATA

☎ 03-3583-0171 　住 東京都港区赤坂3-16-2
営 11:30～14:30／17:30～22:30
休 日曜(7月後半～9月上旬は土曜休み)　MAP P.236

34 豪華な飲茶ランチに大満足
家全七福酒家 SEVENTH SON RESTAURANT
かぜんしちふくしゅか　　　　　　　セブンス
　　　　　　　　　　　　サン　　レストラン

息子が小学生のときから長いお付き合いのママ友グループで折りに触れて集まってランチを楽しんでいる。お気に入りのお店のなかでもいちばん人気がここ。丸ビルの36階、皇居を望む素晴らしい眺望のなか、前身である福臨門酒家譲りの香ばしい北京ダックや海鮮料理、バラエティ豊かな点心など、ちょっと贅沢な中華をプーアール茶片手に。おしゃべりを賑やかに楽しむひとときは何ものにも代えがたい。海老蒸し餃子や大根もちなどの定番の点心に加えて、季節ごとのひとひねりしたメニューがまた楽しい。

DATA

☎ 03-3283-2002　住 東京店／東京都千代田区丸の内2-4-1丸の内ビルディング36F
営 11:00〜16:00(L.O.15:00)／17:00〜23:00(L.O.21:30)
土日祝11:00〜16:00(L.O.15:30)／17:00〜22:00(L.O.21:00)
休 元日　MAP P.244

35 愛しのスープ炒飯
純広東料理 慶楽
じゅんかんとんりょうり けいらく

有楽町のガード沿いに古き良き昭和の香りが漂うお店、慶楽がある。吉行淳之介氏も愛したという牛肉とレタスの焼きそばや巻き上げタイプの春巻きなど、名物料理はいろいろあるけれど、いつも頼んでしまうのがぱらりと仕上がった炒飯に熱々のスープがたっぷりかかったスープ炒飯。クリアなスープがじんわりしみ渡り、お茶漬け感覚でサラサラいける。かなりのボリュームなのにぺろりと食べられてしまう。芯まで冷え切ってしまった冬の外ロケの後にどれだけ優しく身体を温めてもらったことだろう。ちなみに炒飯におかず数種が盛り合わされたランチプレートも大人気だ。

DATA

☎ 03-3580-1948　住 東京都千代田区有楽町1-2-8
営 11:30～15:00／17:00～22:00
土曜・祝日11:30～15:00／17:00～21:00
休 日曜　MAP P.244

36 次々と繰り出される小皿に心躍る
Chinese restaurant わさ
<small>チャイニーズ　　　　レストラン</small>

駒沢公園から離れた場所にひっそりまるで隠れるように営業していた創作中華の名店、わさ。シェフの山下さんはアイデア満載の個性豊かな中華で多くのファンを夢中にさせている。四川風にきりりと辛みのきいたものがあったり、からすみのビーフンが出てきたり、棒棒鶏やレバニラなどの定番もどこか洗練された味わい。前菜からデザートまで17品。目でも舌でも楽しめる料理が少しずつタイミングよく繰り出されるコースに身をまかせれば、満ち足りた気持ちでいっぱいに。馴れ親しんだ八雲から六本木に移り、さらに進化し続ける料理の数々を楽しみに出かけたいと思う。

DATA _____

※六本木へと移転し、リニューアルオープン予定。

37 カフェのような雰囲気が素敵
Hibusumaオリエンタルカフェ
<small>ヒブスマ</small>

ヒブスマというまるで呪文のような店名と隠れ家カフェのような雰囲気に惹かれて通い始めた中華のお店。目玉は一級点心師がひとつずつ手作りしている小籠包。湯気を上げる蒸籠いっぱいに詰まったぷくっと可愛い姿に思わず笑顔に。レンゲにのせて、まず一辺から美味しいスープをすすり、続いて生姜と黒酢をひとたらししてハフハフといただくともちっとした皮も美味しくいくつでも食べられる。お昼はクリアで味わい深いスープの麺とのコンビが定番だ。夜は一品料理も満足のクオリティ。まさに隠れた名店。

DATA

☎ 03-3723-2455　住 東京都目黒区八雲1-2-5
営 11:00〜L.O.14:30／17:00〜L.O.21:30　休 月曜　MAP P.246

38 誰が行っても満足できる
中国飯店 富麗華(ふれいか)

ちょっと贅沢したいときに訪れているのがこのお店。軽い前菜に肉汁たっぷりの焼き餃子の付いた麺のセットは撮影スタッフとのご褒美ランチに、北京ダック付きのちょっと贅沢なコースはたまに集まるママ友と、夜のアラカルトは家族で寛いで……。そして上海ガニの季節には食いしん坊仲間で集って存分に味わいつくす至福の時間が過ごせる。こんなふうにいつ行っても誰と行っても満足できるお店はありそうでなかなかないもの。店内では二胡や古琴が生演奏されて雰囲気もたっぷり。スマートで温かなサービスもこのお店をより魅力的なものにしているのだと思う。

DATA

☎ 03-5561-7788 住 東京都港区東麻布3-7-5
営 11:30〜15:00(L.O.14:00) / 17:30〜23:00(L.O.22:00)
休 年末年始　MAP P.238

39 珠玉の小皿中華をコースで
六本木 虎峰
こほう

六本木のはずれ、目立たないようにひっそりと佇むまるで隠れ家のようなこの店には続々と食いしん坊たちが集まってくる。オープンキッチンのカウンターに座れば、多種多様な小皿料理がほんのひとくちずつ、次々に30品も供される。30品と聞くと完食できるか心配になるけれど、食べすすむうちにそれが杞憂に終わることがわかる。恵比寿のマサズキッチンで腕をふるってきたという若きシェフが作るのは伝統的な中華料理に和洋の要素を絶妙なバランスで取り入れたものも。中国茶やワインのペアリングと一緒に身をまかせているうちに、いつの間にか大団円を迎えている次第。

DATA

☎ 03-3478-7441　住 東京都港区六本木3-8-7 PALビル1F
営 17:00〜L.O.22:00　休 日曜・年末年始・お盆時期　MAP P.236

40 モダンな四川料理
MASA'S KITCHEN
マサズ　キッチン

モダンなインテリアに料理人たちがきびきびと動き回るオープンキッチンスタイル。そこでいただけるのが素材の持ち味を最大限に活かした四川料理の数々。料理長の鯰江さんの作る料理はどれもシンプルでいて火加減、味加減が絶妙。シャキッとした歯触りを残しながら仕上げたレタスの湯引きなどは、火を通して食べるレタスの美味しさに驚かされるはず。潔く肉だけという黒酢の酢豚も忘れられない美味しさ。四川料理に欠かせない担々麺も汁あり、汁なし、冷やしと3つのバリエーションが用意されている。アラカルトも充実しているけれど、コースでお願いするのが正解。

DATA

☎ 03-3473-0729
住 東京都渋谷区恵比寿1-21-13 BPRレジデンス恵比寿 B1
営 11:30〜L.O.14:00／18:00〜23:30(L.O.21:30)　休 月曜　**MAP** P.240

41 骨董通りの良心
中華風家庭料理 ふーみん

骨董通りが今のようにオシャレなお店が立ち並ぶような場所ではなかった頃から、この付近の腹ペコ食いしん坊のお腹を満足させてきた家庭的な中華のお店。小柄な女主人ふーみんさんが作る納豆チャーハンやねぎワンタンなどの名物に加えて、お昼限定の豚肉の梅干煮はランチタイムの人気メニュー。1時間くらいで売り切れてしまうことも度々。早めに出かけてありつけたときの喜びといったら！　しかもお昼は搾菜食べ放題なんてどこまでも太っ腹。青山の良心と呼びたい！　夜も駆け込み寺的にお世話になっているふーみん。いつまでもお元気でいてほしい。

DATA

☎ 03-3498-4466　住 東京都港区南青山5-7-17青山小原ビルB1
営 11:30〜L.O.16:00／18:00〜L.O.21:30
土曜11:30〜L.O.16:00／17:30〜L.O.21:00
休 日曜・祝日・第1月曜　MAP P.236

42 羊とパクチーの宝庫
味坊
あじぼう

神田駅のガード下、喧騒といっていいほどの活気にあふれているのが中国東北地方の料理が楽しめる味坊。メインになるのは羊。クミンたっぷりのラム肉の串焼きはエキゾチックな味わいでビールにぴったり。もちっとした水餃子も香ばしい焼き餃子もラム肉入りでとてもジューシーな味わい。他ではなかなかお目にかかれない珍しいメニューも。なかでもおすすめなのがフライドポテトとパクチーをスパイスで和えたもの。ぴりっと香ばしくて後を引く。日本語が通じなかったりラフなサービスなのに、扱うワインはビオの名品などを揃えているのもとてもおもしろい。

DATA

☎ 03-5296-3386　住 東京都千代田区鍛冶町2-11-20
営 11:00～15:00／17:00～23:00(L.O.22:30)
日曜・祝日15:00～21:30(L.O.21:00)
休 年末年始　MAP P.244

43 なんといってもトマト湯麺
中華料理 李園(りえん)

横浜でロケしたときのランチで行くようになって、今では家族で週末の夜にも通いつめるようになったのが、横浜中華街から少し離れた本牧(ほんもく)にある中華料理の李園。街の小さな中華屋さんという趣なのに、その実力は計り知れない。シンプルで味わい深いトマト湯麺を始め、カリッと香ばしい海老の巻き揚げ、揚げた豚ロースと青菜をあんかけ仕立てにしたパイコー炒飯など、とにかく何を食べても美味しい。それに中華料理というと脂っこいというイメージがあるがここは優しい味わいで食後感が抜群によいのだ。書いているうちに、あー! また食べたくなってきてしまった。

DATA

☎ 045-621-9878　住 神奈川県横浜市中区本郷町1-18
営 11:30〜14:00／17:00〜22:00(L.O.21:45)
土日祝11:30〜14:30／17:00〜22:00(L.O.21:45)
休 月曜　MAP P.249

CHAPTER **04**

TITLE

イタリアン

いつ食べても何度食べても美味しいのがイタリアン。カルパッチョやカプレーゼ、生ハムとフルーツなどの色とりどりの前菜に、お楽しみのパスタは数種類、メインにしっかりお肉のグリルやローストを頼んで、ドルチェとエスプレッソで締めれば満腹満足。カジュアルで飾らないトラットリアからちょっとかしこまった雰囲気が大人っぽいリストランテまで今の日本のイタリアンは百花繚乱。

SHOP LIST

44_ クチーナ ヒラタ（麻布十番）
45_ ヴィノ ヒラタ（麻布十番）
46_ トラットリア・ケ・パッキア
　　　（麻布十番）
47_Piatto Suzuki（麻布十番）
48_PRISMA（南青山）
49_Pioppino（神泉）
50_PICCOLO VASO（逗子）

44 絶品の生ハムパスタをぜひ
クチーナ ヒラタ

このお店に通い始めたのはまだ大学生だった頃、素敵な大人たちが集まる場所で、結婚する前から主人と少し背伸びをして通った憧れの存在だった。二代目になっても大好きなのには変わりない。先代譲りの味はもちろん、マダムの晴さんのサービスがなんとも温かい。ママ友ランチで行くと誰もがリピーターになってしまう。ランチは充実の内容。プリフィックスのコースから冷・温前菜を頼み、パスタは迷った末にいつも選んでしまう生ハムと黒コショウのスパゲッティ。生ハムにぴりっと黒コショウのきいたシンプルだけど真似できない味わい深さ。ぜひ一度味わってみてほしい。

DATA

☎ 03-3457-0094　住 東京都港区麻布十番2-13-10エンドウビル3F
営 12:00～15:00(L.O.14:00)／18:00～24:00(L.O.22:30頃)
※月曜・火曜は夜のみ営業。
休 日曜・祝日の月曜　MAP P.238

45 ワインを片手に楽しみたい
ヴィノ ヒラタ

クチーナ ヒラタと同じビルの2階にあるのがこのヴィノ ヒラタ。その名前の通り、さまざまなワインをグラスで楽しみながらリラックスした気分でリストランテの料理が楽しめるのが魅力。打ちっぱなしのモダンなインテリアはこなれた大人の雰囲気。季節のおすすめメニューはどれも食べてみたい魅力的な料理がいっぱいでいつも悩んでしまう。仁保(にほ)シェフが作るイタリアンは柚子や山椒、みょうがなど日本の香味野菜を上手にあしらいつつ、ちゃんとイタリアンに仕上げてあるところが素晴らしい。この組み合わせ、うちでも真似したい！ といつもアイデアをもらっている。

DATA

☎ 03-3456-4744　住 東京都港区麻布十番2-13-10エンドウビル2F
営 18:00～L.O.26:00　休 日曜・祝日の月曜　MAP P.238

46 健啖家が喜ぶ江戸前イタリアン
トラットリア・ケ・パッキア

この店の岡村シェフは絶対に美味しいものを食べさせてくれると思わせてくれる立派な体躯の持ち主。おすすめのメニューが書かれた黒板を眺めているとその期待がますます高まる。酢で軽く締めたコハダや鯵、やわらかく煮たアワビやハマグリなど、いわゆる仕事をした季節の魚介が並ぶ前菜の盛り合わせはまさに江戸前イタリアンと呼ぶのにふさわしい。パスタや肉料理はイタリアの伝統的なメニューが並ぶ。大皿いっぱいに盛りつけられた和牛しんしんのローストなどこの店の料理を前にすると歓声と笑顔があふれる。このお店にはぜひ食いしん坊の健啖家と一緒に行ってほしい。

DATA

☎ 03-6438-1185　住 東京都港区麻布十番2-5-1マニヴィアビル4F
営 18:00〜L.O.25:00　休 日曜・祝日の月曜　MAP P.238

47 まさに我が家の台所
Piatto Suzuki
<small>ピアット　スズキ</small>

鈴木弥平シェフとは彼が修業している時代からのお付き合い。月に一度通い続けてかれこれ25年になる。もちろん息子も小さな頃から弥平シェフの料理を食べて大きくなった。白身魚のカルパッチョにスミイカとジャガイモのアンチョビサラダ、冷製トマトのカッペリーニなど、何度食べたか数えきれない。家族の誕生日もここで迎えている。毎月通っていても、その度にああ、美味しいと感動が新たになる。ひとりのシェフと一緒に成長していった思い出があるお店はとても幸せなことだと思う。ちなみにキッチンの奥には、訪れる度に息子の身長を測った印が今でも残っている。

DATA

☎ 03-5414-2116　住 東京都港区麻布十番1-7-7ハセベヤビル4F
営 12:00～14:00(要前日予約)／18:00～26:00(L.O.24:00)
休 日曜・祝日の月曜　MAP P.238

48 高い美意識をストイックなまでに貫く
PRISMA
プリズマ

このお店に行くのは決まって日曜日の夜6時頃。広いテラス沿いのテーブルに着いて休日ならではの寛いだ気分を味わう。広い空間にテーブルは四つだけ。まっ白なクロスと器、蝋燭の灯りが揺らめく。余分なものがひとつもないシンプルでモダンなインテリアはまるで海外の邸宅のよう。オープンキッチンにシェフひとり、研ぎ澄まされたセンスを注ぎ込んで料理に向き合う。サービスを担当するのは奥様。スマートでとても温かい。繊細でいながら輪郭がきりっと立った料理が次々と供されるおまかせのコースに身をゆだねれば、満ち足りた気持ちでいっぱいになる。

DATA
☎ 03-3406-3050　住 東京都港区南青山6-4-6青山アレー1F
営 18:30〜L.O.20:30　休 水曜・火曜(不定休)　MAP P.236

ITALIAN CUISINE

49 どこか懐かしいピザとパスタ
Pioppino
ピオッピーノ

旧山手通りにあるピザとパスタがカジュアルな雰囲気で楽しめるお店。南平台にあった「PECO」という老舗が今の場所に移転。名前は「Pioppino」に変わったが以前と変わらない味がうれしい。この店でいつも注文するのがにんにくと赤唐辛子のスープパスタとチキンとしめじのクリームピザの二品。スープパスタはトマトソースとにんにくスライスがたっぷり浮かんだ熱々のスープが美味しい。まろやかなクリームソースをまとったチキンときのこがのったふんわりとした生地のピザはどこか懐かしい味わいが魅力。このふたつを交互に食べるのが最高。

DATA

☎ 03-3462-8790　住 東京都渋谷区神泉20-21ミドリマンション1F
営 11:45～L.O.14:30／17:30～L.O.22:00
土日祝12:00～L.O.15:00／17:30～L.O.21:30(土曜のみ～L.O.22:00)
休 水曜　MAP P.242

50 新鮮な魚介と野菜の小坪イタリアン
PICCOLO VASO
ピッコロ ヴァーゾ

逗子マリーナの入り口、小坪漁港に面した場所に建つ老舗のイタリアン。逗子マリーナでロケのお昼に訪れたのをきっかけに今では休日にドライブを兼ねてお邪魔している。このお店で楽しみたいのが地ものの魚介や鎌倉野菜。日没前の時間から窓際の特等席でよく冷えた白ワインを片手に季節の野菜たっぷりのお刺身サラダやシコイワシのフリット、小坪産シラスとアンチョビのピッツァや小坪産シラスとカラスミのスパゲッティを味わうのが最高。小坪で知らぬ人はいないご主人の堀さんは一見強面だが、実はとても細やかで優しいハートの持ち主。臆せず話しかければいろいろ教えてもらえる。

DATA

☎ 0467-24-5858　住 神奈川県逗子市小坪4-4-7
営 11:30〜14:00／17:30〜22:00(L.O.21:00)　休 水曜　MAP P.249

CHAPTER **05**

TITLE

フレンチ・洋食

ママ友とのランチや家族の記念日などゆったり食事を楽しみたいときには華やかなフレンチがぴったり。美しく盛りつけられた目にも鮮やかな前菜の数々、じっくり時間をかけたソース類、絶妙な火入れで焼き上げられる野趣あふれる肉料理……。シェフの技とセンスに身をまかせる至福の時間。一方洋食は心和むひととき。長年継ぎ足してきた秘伝のソースに丁寧な仕事、揚げたてフライも最高。

SHOP LIST

- **51_** OGINO（池尻大橋）
- **52_** ル ブルギニオン（西麻布）
- **53_** FRANZ（白金）
- **54_** Salmon & Trout（下北沢）
- **55_** Äta（代官山）
- **56_** French Cuisine a Specialty ARGENT（学芸大学）
- **57_** 鉄板焼よしむら（広尾）
- **58_** キッチンふるはし（広尾）
- **59_** ロシア料理 ソーニャ（小石川）

51 あふれ出る肉汁を堪能したい
OGINO
オギノ

荻野シェフのことを"肉焼き名人"もしくは"肉汁大魔王"と呼ばせていただいている。絶妙の火入れで焼き上げられた存在感抜群の塊肉にナイフを入れるとたっぷり肉汁を湛えた美しい断面が現れ、大きめにカットして頬張ると口の中は大洪水に。もうひとつのお楽しみは名物のシャルキュトリー。フォアグラのソテーやパンに付ければいくらでも食べられてしまうリエットなどがボードに賑やかに盛りつけられて現れる。肉にばかり目が向きがちだが、産直で届く季節の元気な野菜たちの美味しさも外せない。オギノに出かけるときはお腹を空かせていくことをおすすめする。

DATA

☎ 03-5481-1333(予約専用050-3184-0976)
住 東京都世田谷区池尻2-20-9 営 18:00～23:00(L.O.21:00)
土日祝11:30～15:00(L.O.13:00)／18:00～23:00(L.O.21:00)
休 月曜(毎月1回火曜不定休) MAP P.242

52 心温まる優しいフレンチ
ル ブルギニオン

ママ友とランチへ、家族でディナーへと折りに触れて足を運んでいるお店。名物の人参のムースから必ずスタート。コンソメのジュレにウニをアクセントにしたほんのり甘いムースはいつ食べても変わらぬ美味しさ。その日のおすすめを聞きながらメニューを決定。何を頼んでも間違いなく、ワインもおすすめに従えば至福の時間が待っている。毎年楽しみにしているのが鮎のリゾット。5月の連休後から8月末までシーズン中は足しげく通う。カリッと焼き上げた鮎に五穀米のリゾット、クレソンと蓼酢をイメージした胡瓜とレモンゼスト。鮎料理の傑作と密かに思っている。

DATA

☎ 03-5772-6244　住 東京都港区西麻布3-3-1
営 11:30～15:30(L.O.13:00) / 18:00～23:30(L.O.21:00)
休 水曜・第2火曜　MAP P.238

53 密かに通いたい隠れ家レストラン
FRANZ
フランツ

白金のバス通りから少し入った住宅地、こんなところにお店が？と思うような路地奥にひっそりと佇む古民家を改装したカウンター8席だけのこだわりのフレンチ。ヴィンテージの家具に蝋燭灯が揺らめく店内はなぜだかとてもリラックスできる空間。癒し系のシェフおひとりで料理からサービスまで全てを取り仕切っている。トリュフのワッフルから始まる10皿のおまかせコースは美しくて独創的なラインナップ。季節の素材をきちんとフレンチに仕立てた料理の数々に次は何が出てくるのかわくわくしてしまう。予約の時間に合わせて焼き上げる自家製のパンも絶品。

DATA

☎ 03-6874-1230　住 東京都港区白金6-2-17
営 18:00〜22:00　休 日曜・祝日　MAP P.238

FRENCH &
WESTERN
CUISINE

54 楽しい驚きに満ちている
Salmon & Trout
サーモン　トラウト

"痛風"という意味を持つなんとも意味深な店名に、自転車屋も兼ねているという個性的な店構え。若き森枝シェフが繰り出す料理もまたしかり。ブラックバスのポアレを出しながらBGMにブラックサバスを選んでウインクするチャーミングさ。シドニーの「Tetsuya's」、東京の「湖月」などで研鑽を積んでからこのお店をオープン。創作料理やフュージョンでは片づけられない森枝シェフならではの感性が光る料理の数々。どの一皿にも甘味、塩味、酸味、苦味などが必ず織り込まれ、食の五感を刺激してくる。また、それらに合わせるお酒のペアリングのセンスも最高。

DATA
- ☎ 080-4816-1831　住 東京都世田谷区代沢4-42-7
- 営 18:00～26:00(フードL.O.24:00、ドリンクL.O.25:00)
- 休 日曜・月曜　MAP P.242

55 魚介が美味しいビストロ
Äta
<small>アタ</small>

代官山の並木橋からほど近くにある魚介料理が美味しいビストロアタ。いつ行ってもこの店にはなんとも和やかな空気が流れている。香ばしく焼いた海老やイカ、ムール貝や色とりどりの野菜ににんにく風味のアイオリソースを添えた一品。一尾丸ごとのオマール海老をグリルにして爪の部分はグラタンに。具だくさんでスープも美味しいブイヤベースも。3〜4人のグループで楽しげにテーブルを囲んで賑やかに食べる。魚介の他にも赤身肉のステーキ＆フリットやデザートの数々も外せない美味しさ。早い時間はいつも予約でいっぱいだけど、遅めの時間帯を狙えば入りやすい。

DATA

☎ 03-6809-0965　住 東京都渋谷区猿楽町2-5 1F
営 17:00〜26:00　休 日曜　MAP P.240

56 母と娘が作りだす温かな味
French Cuisine a Specialty ARGENT
(フレンチ キュイジーヌ ア スペシャリティー アージェント)

目黒通りで30年以上営業している家庭的なビストロ。名物のオニオングラタンスープの美味しさはよく知っていたけれど、改めて通うようになったのは近くに事務所兼スタジオを開いたのがきっかけ。事務作業などしていて気が付けば晩ごはんの時間、空腹で駆け込めばオーナーであるお母様とシェフを務めるお嬢さんのおふたりが温かく迎えてくれる。この店に来たら絶対に食べてほしいのが生まぐろのタルタル。ハーブやにんにくを合わせたタルタルをバゲットにのせればいくらでも食べられそう。

DATA
- ☎ 03-3792-4445
- 住 東京都目黒区中町1-25-12
- 営 12:00～14:00／18:00～23:00
- 休 日曜
- MAP P.246

57 絶妙のテクで焼き上げる
鉄板焼よしむら

オーナーの吉村さんが独立する前からのお付き合いで息子が幼稚園の頃から通っている鉄板焼きのお店。ピカピカに磨き抜かれた鉄板の前に座って、華麗なコテさばきを眺めながら次々に焼き上がる新鮮なシーフードやホルモン、お好み焼きにねぎ焼きなどの粉もんをよく冷えたビール片手に愉しむのは至福の時間。ホルモン焼きにもお好み焼きにも入っている大阪ならではの油かすがカリカリベーコンのように香ばしい。締めのおすすめはこだわりの焼きそば。生麺を茹でてから炒めるのでしっかりと歯ごたえがあるのが特徴。満腹でもするりとお腹に収まってしまう。

DATA

☎ 03-3280-8839　住 東京都渋谷区広尾5-19-11マリオン広尾ビルB1
営 18:00～L.O.24:00／日曜18:00～L.O.23:00　休 月曜　MAP P.240

58 昔ながらの街の洋食屋さん
キッチンふるはし

広尾商店街のなかほど、一本通りを入ったところに店を構えるキッチンふるはし。いかにも街の洋食屋さんといった気どりのない雰囲気のなか、家族みんなで営んでいていつも温かい。メニューは豊富でどれもボリューム満点。ナポリタンやチキンライスにハンバーグと目玉焼きが付いたセットはもう好きなものばかりでうれしくなってしまう。もうひとつおすすめなのがポークロースチーズ焼き。生姜焼き用の豚肉二枚でチーズをはさんで揚げ焼きしたものにデミグラスソースがたっぷり。生野菜にマカロニサラダ、お味噌汁にごはんが付いて850円なんて申し訳なくなってしまう。

DATA

☎ 03-3444-3733　住 東京都渋谷区広尾5-18-2
営 11:30〜14:00／17:30〜L.O.21:00　休 土日祝　MAP P.240

59 マダム手作りのロシア料理
ロシア料理 ソーニヤ

ロシアの亡命貴族から料理を習ったという初代オーナーから引き継いだマダムがひとりで切り盛りしているソーニヤ。イーストから手作りしているサクッと軽やかな生地が絶品のピロシキを始め、サワークリーム仕立てのビーフストロガノフなどどれも本格的で愛情たっぷり。以前は我が家から近い場所にあって、息子が小さな頃に通っていたけれど、突然移転してしまって以来ご無沙汰に。たまたま近くで撮影があって晴れてご縁が復活。揚げたてのピロシキは定番のひき肉を始め、かぼちゃ、マロン、ブルーベリー、こしあんの五種類。揚げたてにかぶりついたら懐かしくて涙が出た。

DATA

☎ 03-3816-0144　住 東京都文京区小石川5-31-6文京パークハイツ101
営 11:30～15:00／17:00～21:00　休 木曜　MAP P.248

CHAPTER **06**

TITLE

エスニック

時折食べたくて仕方がなくなるのが、ぴりっと刺激的な辛さとパクチーやミントなどのエキゾチックなハーブの香りが食欲をそそるエスニック料理。汗をかくほど辛いのに食べた後はすっきり。それに野菜をたっぷりと食べられるのもうれしい。それぞれの料理に合わせるビールはタイならシンハー、ベトナムなら３３３（バーバーバー）などのその国産のブランドを楽しむのが気分。

SHOP LIST

- **60_** ベトナム料理・ビストロ オーセンティック（浅草）
- **61_** Kitchen.（西麻布）
- **62_** Sugahara Pho（池尻大橋）
- **63_** Pho 321 Noodle bar（神宮前）
- **64_** 台湾料理 麗郷（道玄坂）
- **65_** チョンギワ新館（赤坂）
- **66_** 珊瑚礁（鎌倉）
- **67_** sync（恵比寿）
- **68_** YOGORO（神宮前）

60 下町の地下街にベトナムが出現
ベトナム料理・ビストロ オーセンティック

雷門からほど近くに昭和初期にタイムスリップしたかのような錯覚に見舞われる地下街がある。その一角にあるのがここ。カウンター7席にお店の外にテーブルがひとつ。そんな不思議な空間でいただくベトナム料理が最高。パイナップルとパクチーのサラダやゆでキャベツのヌクマムダレがけなどシンプルなものから、ベトナム風ビーフシチューやスープが絶品のフォーまで何を食べても美味しい。ベトナムに何度も足を運び、本格的な味を追求するご主人のお話も興味深く、デザートのプリンとチェーで満足満腹。

DATA

☎ 090-4013-8519　住 東京都台東区浅草1-1-12 浅草地下街36号
営 12:00頃〜L.O.14:30(不定営業)／18:00〜22:30(L.O.22:00)
休 月曜・不定休(ブログでご確認ください)　MAP P.248

ETHNIC CUISINE

61 野菜がたっぷり食べられる
Kitchen.
キッチン

西麻布の裏通り、なんの変哲もないビルの2階に隠れ家のようにある可愛らしいベトナム料理店キッチン。ご主人の鈴木珠美さんを始め、スタッフすべてが女性というやわらかな雰囲気も居心地がいい。生春巻きやパクチーのサラダを始め、どれも新鮮な野菜がたっぷり。必ず頼むのが海老の青米揚げ。ベトナム産の青米を衣にカリッと揚げた有頭海老。バイマックルー入りのレモン塩に付けて食す、揚げ物なのに爽やかな一品。締めにはスパイスのきいたひき肉と刻んだ野菜たっぷりのまぜまぜごはんを。前日までに予約すると食べられるトムヤンクン鍋も病みつきになる。

DATA

☎ 03-3409-5039　住 東京都港区西麻布4-4-12ニュー西麻布ビル2F
営 18:30〜22:00(L.O.21:00)　休 土曜〜月曜・祝日　MAP P.238

62 ワインの合うベトナム料理
Sugahara Pho
<small>スガハラ　フォー</small>

白い壁のシンプルでモダンな空間にゆったりと配置されたテーブル。洗練された料理のプレゼンテーションにカジュアルで温かみのあるご主人のサービスなど、このお店にはまるで海外にあるベトナムレストランみたいな空気が流れている。お店の名前の通り、美味しいスープのフォーが主役だけれど、ピーナッツミソに付けて食べる生春巻きや野菜たっぷりのバインセオ、まぐろのタルタルや鶏手羽の揚げ物など、ひとひねりしたメニューが魅力。ワインも海外のものに加えて、農楽蔵ワインなど、なかなかお目にかかれない国産の自然派ワインが楽しめるのもうれしい限り。

DATA

☎ 03-6407-0562　住 東京都目黒区大橋2-8-21ドミシール柿澤1F
営 17:30～24:00(L.O.23:00)　日曜17:30～22:00(L.O.21:00)／
ランチ(木曜・土曜・日曜のみ)12:00～15:00(L.O.14:30)
休 月曜・火曜不定休　MAP P.246

ETHNIC CUISINE

63 気軽に立ち寄れるのが魅力
Pho 321 Noodle bar
<small>フォー　スリーツーワン　ヌードル　バー</small>

千駄ヶ谷小学校の向かい側に美味しいお店が並ぶ一角がある。そのラインナップに加わったのが本格的なフォーをカフェのような居心地のいい空間で気軽に楽しめるこのお店。メインのフォーは無化調で優しく滋味あふれる味わい。食欲のないときでも優しくお腹に収まるのがうれしい。つるりとした食感の麺をある程度食べたら、レモンやナンプラー、シラチャーソース、ビネガーなどで自分流に調合して好みの味に仕上げて。鶏肉、野菜、海鮮の3種類から選べるフォー以外にも汁なし麺のブンやチキンライスも。半本分の生春巻きとのランチセットも満足度が高い。

DATA

☎ 03-6432-9586　住 東京都渋谷区神宮前2-35-9 ♯102
営 11:30～20:00(L.O.19:30)　休 日曜　MAP P.242

64 ほっと落ち着く台湾料理の老舗
台湾料理 麗郷(れいきょう)

本店は渋谷道玄坂を一本入った場所で20年以上続く老舗の台湾料理店。いつも混んでいてレンガの壁に腸詰類が下がる様子は異国情緒満点。最近は予約が取りやすいこともあって、渋谷の繁華街から少し離れた場所にある富ヶ谷店も利用している。台湾料理といえば欠かせないのが腸詰。ほんのり温めたものに白髪ねぎとパクチーと辛味噌を付けて食べるとビールがすすむすすむ。やわらかく煮込んだタンにシジミ、大根餅、豆苗炒め、豚バラの唐揚げなど何を頼んでもはずれなし。いろいろ食べた後の締めはやっぱりビーフンに決まり。

DATA

☎ 03-3461-4220(or 03-3464-8617)
住 渋谷店／東京都渋谷区道玄坂2-25-18
営 12:00〜14:00／17:00〜24:00　土日祝12:00〜24:00
休 年末年始・夏季休業あり　MAP P.242

ETHNIC CUISINE

65 滋味あふれる氷スープの水冷麺
チョンギワ新館
しんかん

ハワイに行くと必ず食べるシャーベット状のスープの葛冷麺のお店がある。その美味しさにハマって、日本でも同じような冷麺がないかと探して見つけたのがこのお店。このお店の名物にもなっているシャーベット状になった牛すねのスープと韓国産さつまいものでん粉で作る極細麺を組み合わせた水冷麺。透き通ったスープは優しくて滋味あふれる味わい。テーブルに運ばれてくるとハサミで食べやすいようにパチンパチンとカットしてくれる。冷麺以外も、チヂミやチャプチェ、サラダのような生キムチなど、女性の料理人が作る優しい味わいの韓国料理に癒される。

DATA

☎ 03-3586-3660　住 東京都港区赤坂3-12-7
営 11:30〜27:00　休 なし　MAP P.236

66 ハワイ気分でシーフードカレー
珊瑚礁(さんごしょう)

大学生のとき、車の免許を取ってすぐにドライブしがてら通っていたのが七里ガ浜の山の上の住宅地にあるティキが目印の本店。名物のビーフカレーとデザートのソフトクリームが大好きだった。時は過ぎ、今は同じ七里ガ浜の海沿いに建つモアナマカイ店に湘南ロケの帰りにお邪魔することが多くなった。陽が落ちるとトーチが灯り、ハワイ気分も満点。甘辛味の薄切り牛肉にたっぷりの野菜とガーリックトーストが添えられたビーフサラダも、まろやかな欧風カレーも美味しさそのまま。行列必至のお店だけれど、待つだけの価値あり。

DATA

☎ 0467-31-5040　住 モアナマカイ店／神奈川県鎌倉市七里ガ浜1-3-22
営 11:30～L.O.15:00／17:00～L.O.21:00(金曜・土曜のみ～L.O.21:30)
休 木曜(祝日の場合は、翌日休み)　MAP P.249

67 ぷりぷりの牡蠣カレー
sync
シンク

恵比寿駅から近いのにちょっと奥まった場所にある怪しげなビルの2階にあるカレー屋さん。時折無性に食べたくなるのが牡蠣とクレソンのカレー。香ばしくソテーしたぷりぷりの牡蠣が入ったカレーにざく切りにしたシャキシャキのクレソンがたっぷり。そこにトッピングのナンプラー卵とパクチーを増量するのがいつものスタイルだ。コシヒカリの発芽玄米と押麦のパラッとしたブレンドライスにさらっとスパイシーなカレーがよく合う。辛さは普通から激辛までの4段階。いつもちょっとスパイシーな辛口を選んでいる。夜はアペロメニューもあるのでバル的な使い方も。

DATA

☎ 03-3476-8122　住 東京都渋谷区恵比寿西1-13-7恵比寿西5ビル202
営 11:30〜14:45／18:00〜22:00　休 月曜(祝日除く)　MAP P.240

68 クセになる鉄鍋カレー
YOGORO
ヨゴロウ

原宿と千駄ヶ谷のちょうど中間くらいに位置するカレー専門店。昼時はいつも行列ができている。熱々の鉄鍋で供されるこのお店のカレーはほうれん草かトマトかベースを選ぶところから始まる。フレッシュな味わいのトマトに対して、ほうれん草ベースはしっとり深みのある味わいでインド風青菜カレーのサーグを思わせる。とろりとスパイシーな深いグリーンのカレーに香ばしいチキンの対比が鮮やか、そこにまろやかなチーズと半熟玉子をトッピングする。ベースはインドにありつつ日本的なセンスも感じさせる独自のスタイルは、一度食べると病みつきになってしまうこと必至。

DATA

☎ 03-3746-9914　住 東京都渋谷区神宮前2-20-10 小松ビル1F
営 11:30〜16:00／18:00〜20:00　土曜11:30〜16:00
休 日曜・祝日　MAP P.242

CHAPTER **07**

TITLE

肉

元気を出したいときに食べたくなるのはやっぱりガッツリお肉。絶妙な火入れで焼き上げられたミディアムレアにナイフを入れて、頬張れば肉汁が口じゅうにあふれて思わずにんまりしてしまう。ステーキはシンプルに味わうのがいちばん。それに対して焼き肉はさまざまな部位を塩やタレで自分好みに楽しめるのが魅力。炭火や昔ながらのコンロで煙モクモクジュージュー賑やかに焼きまくるのが最高。

SHOP LIST

69_ ステーキハウス ハマ（六本木）
70_ ステーキハウス リベラ（目黒）
71_ CHACO あめみや（千駄ヶ谷）
72_ 焼肉チャンピオン（恵比寿）
73_ 本とさや（浅草）
74_ ミート矢澤（西五反田）
75_ GOLDEN BROWN（池尻大橋）

69 贅沢気分を満喫♡
ステーキハウス ハマ

乃木坂で30年以上、多くの肉ファンを魅了し続けている鉄板焼きステーキの老舗。目の前で香ばしい匂いと共にステーキが焼き上がっていく過程を眺めているだけで誰もが笑顔になる。撮影後のランチでちょっと奮発して行ったときなどはもう大変（笑）。とろろをベースにした山芋サラダも刻み玉ねぎがたっぷり入った醤油味のソースもどれもがステーキを美味しく食べるために工夫された一品揃い。平日ランチはこれにごはんとお味噌汁とデザートが付く。夜ならステーキだけでなく、ちょっと奮発して鮑や才巻海老などのシーフードが入ったコースを時間をかけて楽しみたい。

DATA

☎ 03-3403-1717　住 六本木本店／東京都港区六本木7-2-10
営 11:30～14:00／17:00～23:00　休 なし　MAP P.236

MEAT CUISINE

70 ワイルドに肉を喰らう
ステーキハウス リベラ

とにかく店内の男子率の割合が高いのがリベラの特徴。プロレスファンからは聖地とも呼ばれるお店に一歩足を踏み入れると名だたるプロレスラーや格闘技のスターたちの写真がところ狭しと飾られている。仲良しのカメラマンに連れて行ってもらって以来、時々足を運ぶように。とにかくリベラのステーキはワイルド。リブロースの1ポンド、1/2ポンドかヒレから選んで注文すると熱々の鉄板でジュージューと湯気を立てるステーキが運ばれてくる。おろし玉ねぎ入りのオリジナルのソースをかけて頬張れば肉汁が口いっぱいに。さくさく食べてさっと帰る、これが流儀。

DATA

☎ 03-3793-9955　住 目黒店／東京都目黒区下目黒6-17-20
営 17:00〜24:00(L.O.23:30)　休 月曜・第3火曜　MAP P.246

71 古き良き時代を感じる
CHACOあめみや
<small>チャコ</small>

千駄ヶ谷で約40年以上の歴史を誇る老舗のステーキハウス。レンガの壁に白いテーブルクロスがかかったザ・昭和な雰囲気がなんともいい感じ。お目当ては暖炉の炭火で焼き上げられるステーキ。食べごたえのあるNYカットのサーロインややわらかく味わい深いリブロースなど好みに応じて選んだ部位が香ばしく焼き上げられて熱々の鉄板にのせられて供される。輪切りのレモンにのせられたバターを溶かして、卓上のおろしにんにくと混ぜ合わせてから醤油をひとたらしして食べるとなんともいえない美味しさ。ディナーは塊肉をカットしてもらうコースも楽しくておすすめ。

DATA

☎ 03-3402-6066　住 東京都渋谷区千駄ヶ谷1-7-12 B1
営 11:30〜14:00／17:00〜22:00　土日祝17:00〜21:00(土曜のみ〜22:00)
休 月曜　MAP P.242

MEAT CUISINE

72 気どらない雰囲気でA5の焼肉を
焼肉チャンピオン

A5ランクの極上焼肉が評判のチャンピオン。恵比寿や中目黒、池袋、羽田空港など、どこも人気だけれど、我が家が長年通っているのが恵比寿の本店。鰻の寝床のような縦長の店内には懐かしいガスロースター。炭火も美味しいけれど、強火でじゅうじゅう焼くガスロースターも焼肉気分が盛り上がる。厚切りのタンから始まり、ハラミや塩で食べる希少部位、きれいに掃除されたホルモン類、メインには焼いたざぶとんを溶き卵にくぐらせて食べるざぶすきを。サラダやナムルなどのサイドメニューも充実。

DATA
☎ 03-5768-6922
住 恵比寿本店／東京都渋谷区恵比寿南1-2-8 雨宮ビル1F
営 17:00〜24:00(L.O.23:00)　休 なし　MAP P.240

73 七輪で煙モクモクが気分
本とさや
ほん

ところは浅草、追い込み式の座敷に盛大に煙を上げる七輪で焼く焼肉の老舗。大学生の頃から主人と通い始めてはや30年。下町ながらの気どらない雰囲気がいい感じ。銘柄牛などと謳わなくても確実に上質だとわかる肉の数々。フルーティな自家製のタレもとても美味しい。必ず食べるのが上ロースグイ。サシがほどよく入ったロース肉に塩を振って焼いてから細切りにした白ねぎと一緒にレモンを搾って食べる一品。さっぱりと味わい深くいくらでも食べられてしまう。角切りで食べごたえ満点の上カルビで満足度はマックスに。締めは特製の冷麺を。

DATA

☎ 03-3845-0138　住 東京都台東区西浅草3-1-9
営 14:00〜26:00　土日祝12:00〜24:00(土曜のみ〜26:00)
休 なし　MAP P.248

74 行列必至のステーキ＆ハンバーグ
ミート矢澤(やざわ)

五反田の駅から少し離れた目黒川沿いにある行列必至の人気店。ちょうど晩ごはんどきの20時過ぎまでは確実に行列しなければいけないので、少し遅めに時間をずらして訪れる。今日はどれぐらい並ぶかドキドキしながら足を運び、10組までなら列に加わることにしている。このお店ではハンバーグが大人気だが、我が家ではステーキが人気。A5ランクならではのランプやランボソと呼ばれるやわらかな赤身肉はジューシーでとても美味しい。玉ねぎの甘さが引き立つ醤油ベースのオリジナルソースでいただくのが定番だ。セット以外の前菜やデザートも満足度が高い。

DATA

☎ 03-5436-2914
住 東京都品川区西五反田2-15-13ニューハイツ西五反田1F
営 11:00〜15:00(L.O.14:00)／17:00〜23:30(L.O.22:30)
土日祝11:00〜23:30(L.O.22:30)　休 なし　MAP P.247

75 飽きのこない正統派のハンバーガー
GOLDEN BROWN
ゴールデン ブラウン

中目黒の山手通り沿いにあるハンバーガーショップ。アメリカの古き良き時代のダイナーをイメージさせる木と真鍮を使ったインテリアはファッション撮影のロケ場所として何度もお世話になっており、それをきっかけにロケ後にランチをとったり、テイクアウトしたりするようになった。ここのハンバーガーはとにかくスタンダードなのがいい。余計なアレンジなどしないシンプルな正統派。ちょっぴり甘めのバンズに食べごたえのある粗挽き肉のパティのバランスが絶妙。ちなみにスタッフの間ではクリーミーなアボカド入りとベーコンチーズが人気を二分している。

DATA

☎ 03-6661-8560　住 東京都目黒区東山2-3-1 青木ビル1F
営 11:00〜22:00(L.O.21:00)　休 年末年始　MAP P.246

CHAPTER **08**

TITLE

蕎麦・うどん・ラーメン

つるつるっと簡単に食べられて満足度の高い麺。食欲のないときでも美味しい麺なら食べられてしまうから不思議だ。専門店だけでもそれこそ数えられないほどたくさんあるから、自分好みのお店を探すのも醍醐味だと思う。ガッツリ系が好みだと思われがちだが、麺類に関しては繊細系がタイプ。滋味あふれる透き通ったスープにほっそりしゃっきりの麺。丁寧に作られた一杯が幸せにしてくれる。

SHOP LIST

- **76**_ おそばの甲賀（西麻布）
- **77**_ 総本家 更科堀井（元麻布）
- **78**_ そば会席 立会川 吉田家（東大井）
- **79**_ 夢呆（白金高輪）
- **80**_ 神田まつや（神田）
- **81**_ 銀座 佐藤養助（銀座）
- **82**_ おにやんま（東品川）
- **83**_ うどん 慎（代々木）
- **84**_ 支那ソバかづ屋（目黒）
- **85**_ 鶏舎（池尻大橋）
- **86**_ らーめん田（西大井）

76 四季折々の限定を楽しみに
おそばの甲賀(こうが)

西麻布の交差点の近くにさりげなく佇む甲賀。贔屓にさせていただいていた和菓子店の女主人から赤坂砂場(すなば)で修業した甥っ子が蕎麦屋を開くと紹介されたのがきっかけで通うように。主役の蕎麦はもちろん、しつらいからつまみのラインナップまで全てにセンスがいい。埼玉県入間郡の農家から直接取り寄せた蕎麦の実を石臼にかけ、ふるいにかけて冷蔵庫で1日寝かしてから製麺するという甲賀の蕎麦は切れ味のよい仕上がりできりっと辛めのつけ汁と相性抜群。夏は涼しげなすだちそば、肌寒くなる頃には鴨せりそば、時折登場する中華そばなど季節ごとに訪れる楽しみがある。

DATA

☎ 03-3797-6860　住 東京都港区西麻布2-14-5
営 11:30〜15:00(L.O.14:30)／17:00〜21:30(L.O.20:45)
休 日曜・月曜　MAP P.238

NOODLE CUISINE

77 伝統の味を守る老舗
総本家 更科堀井
さらしなほりい

麻布十番の商店街で200年以上の伝統の味を守り続けている更科堀井さんは学生時代からのお付き合い。息子を出産した産院から退院した足でここに寄ったほど。ちなみに我が家の年越し蕎麦はここの持ち帰り用の生蕎麦に決めている。蕎麦の実の芯の部分だけを用いて打つまっ白なさらしながこの店の名物だが、蕎麦本来の味と香りを楽しめるもりもたまらない美味しさ。江戸前の甘辛味の玉子焼から始めて、小海老天もりや天南蛮、熱々の汁で冷たい蕎麦を食べる鴨せいろを頼むのがいつものコース。柚子やよもぎなど季節の素材を打ちこんだかわり蕎麦もまた魅力的。

DATA

☎ 03-3403-3401　住 東京都港区元麻布3-11-4
営 11:30〜L.O.20:30　休 年末年始・夏季休業あり(4日)　MAP P.238

78 旧東海道で江戸風情を楽しむ
そば会席 立会川 吉田家(たちあいがわ よしだや)

江戸風情が残る旧東海道沿いにある吉田家さんは1856年創業の十割手打ち蕎麦の老舗。我が家からも近いので、駆け込み寺的存在でお世話になっている。歴史を感じさせる趣のある日本家屋には錦鯉が泳ぐ坪庭や離れのお座敷などがあり、まるでタイムスリップしたよう。お節句の時期には年代物のお雛様が飾られるのも楽しみのひとつだ。毎月お品書きが変わるので、旬の食材を使った滋味深い味わいが楽しめる。おすすめなのが蕎麦の返しを利用した玉子焼きや胡麻油のみで風味よく揚げた天ぷら。日本庭園を眺めながらつい長居したくなる店だ。

DATA

☎ 03-3763-5903　住 東京都品川区東大井2-15-13
営 11:00〜14:30(L.O.14:00)／17:00〜21:00(L.O.20:30)
土曜11:00〜21:00(L.O.20:30)　日曜・祝日11:00〜20:30(L.O.20:00)
休 火曜(祝日の場合は営業)　MAP P.247

79 絶品のかき揚げそば
夢呆
むほう

移転する前の学芸大学駅前店には息子の幼稚園時代に、白金に移転してからも家族で通い続けている夢呆。ここに来ると必ず注文するのが浮島という風情あふれる名前の一品。熱々のかけ蕎麦に浮島に見立てた小海老のかき揚げがのったもので、つゆの味とかき揚げの油分、ぷりっとした小海老、そしてしなやかな蕎麦と全てが混然一体となった味わいがとにかくバランスがよくて何度食べても飽きることがない。寒い時季にはもちろん、夏場の暑い時季にも悩んだ末に浮島を食べる。もちろん、他のメニューも逸品揃い。ちなみに息子は冷たいつけとろが絶品だという。

DATA

☎ 03-6459-3973　住 東京都港区高輪1-1-12カペラビル
営 11:30〜21:00(L.O.20:30)　休 木曜　MAP P.238

80 江戸風情が漂う老舗の味
神田まつや
かんだ

江戸の名残りが残る神田須田町に店を構えるまつやは池波正太郎氏もご贔屓にしていた老舗の蕎麦屋。歴史を感じさせる古めかしい店内は入れ込み式の合い席で堅苦しさは一切なし。昼さがりにつまみと熱燗を楽しんでいる粋な和服の男性の姿も。それがなんともいい雰囲気なのだ。肝心の蕎麦は日に20回も蕎麦打ちするという打ちたて切りたて茹でたての三拍子が揃った逸品。つるつるっと喉ごしがよく、出汁のきいた蕎麦つゆと相性も抜群。カリッと揚がった大きな海老天が二本付いた天もりでお腹も大満足。

DATA

☎ 03-3251-1556　住 東京都千代田区神田須田町1-13
営 11:00〜20:00／土曜・祝日11:00〜19:00　休 日曜　MAP P.244

81 目から鱗のグリーンカレーつけ麺
銀座 佐藤養助
さとうようすけ

つるりと喉をすべるなめらかさと強いコシが身上の稲庭うどん。本場の美味しさを東京にいながら楽しめるのが秋田の名店、佐藤養助が初めて東京に出したこのお店だ。銀座でさっとお昼というときなどに足が向く。お目当てはオリジナルのグリーンカレーつけ麺。稲庭うどんとグリーンカレーという意外な組み合わせもグリーンカレーに使う秋田のしょっつるはタイのナンプラーと同じ魚醤だから考えてみればうなずける。ココナッツミルクの入ったまろやかでちょっとピリ辛のつゆとつるっとした稲庭うどんの組み合わせが絶妙。一度食べれば病みつきになること必至だ。

DATA

☎ 03-6215-6211　住 東京都中央区銀座6-4-17出井本館1F
営 11:30～15:00(L.O.14:45)／17:00～26:00(L.O.25:30)
土日祝11:30～15:00(L.O.14:45)／17:00～22:00(L.O.20:45)
休 不定休　MAP P.244

82 気軽に食べられるのがうれしい
おにやんま

美味しい讃岐うどんを立ち食いで食べさせる店として男子に絶大な人気を誇るおにやんま。食べたい！でも立ち食いはアラフィフにはつらいと思っていたところ、青物横丁からほど近い東品川店は座って食べられるというではないか。家からも近いし、この吉報に行かないわけにはいかない。果たして今では我が家の行きつけの一軒に。うどんはコシがしっかり、小麦の風味が口いっぱいに広がり、出汁とのバランスも上々。カリッと香ばしく揚がったとり天にちくわ天や半熟玉子天をトッピングすれば大満足。大根おろしとすだちで爽やかなおろし醤油うどんもおすすめ。

DATA

☎ 非公開　住 東品川店／東京都品川区東品川4-1-20
営 7:00〜15:00／17:00〜23:00　土日祝7:00〜15:00
休 年末年始　MAP P.247

83 目にも美しいうどん
うどん 慎
しん

根っからのうどんマニアの方から教えてもらったのが南新宿と代々木の間にあるうどん 慎。打ちたて、切りたて、茹でたてにこだわった麺がとにかく美味しい。ざるにきれいにひねって盛りつけられて、きらきらつやつや輝く麺の美しさといったら！ 食べてみればつるつるもちもちの食感がたまらない。この麺の美味しさを味わうために注文するのは生卵と出汁醤油を絡ませた釜たまやかしわ天を添えたざるうどん。カウンター6席、小さなテーブル3席の小さなお店なのでタイミングが悪いとかなり待つことになるのだが、それだけの価値がある。

DATA
☎ 03-6276-7816　住 東京都渋谷区代々木2-20-16相馬ビル1F
営 11:00～23:00(L.O.22:00)　金曜・土曜11:00～24:00(L.O.23:00)
休 年末年始　MAP P.242

84 しみじみ美味しい支那ソバ
支那ソバかづ屋

実家のある浜田山の駅前にたんたん亭という支那ソバの名店があってよく通っていた。そこで修業したご主人が目黒通りで開いたかづ屋さんはいつ行っても安心できる実家のような存在。煮干しの香りが心地よい透き通った醤油スープはほっとする美味しさ。麺はストレートの細麺で、滋味あふれるスープがよく絡む。しっとりとしたチャーシューもスープをたっぷり含んだ皮が美味しいワンタンもどれも丁寧に作られているのがわかる。途中で卓上の揚げねぎを加えて味変すればまたひと味コクが増す。手作りの餃子を頼んで煮卵入りの支那ソバで締める。それがいつものコース。

DATA

☎ 03-6420-0668　住 東京都目黒区下目黒3-2-4
営 11:00〜24:00／土日祝11:00〜24:00
休 年末年始(HPでご確認ください)　MAP P.246

85 何を食べても美味しい
鶏舎(ちいしゃ)

中目黒駅から離れた場所にあるのにいつ行っても繁盛している鶏舎は親しみやすい街の中華屋さん。ランチタイムは撮影スタッフでさくっと麺類を、夜は家族で一品料理の数々をシェアしながらと昼夜問わずお邪魔している。夏の限定品である冷し葱そばが大人気だが、ここは何を食べても本当に美味しい。クリアなスープにたっぷりの白髪ねぎが美しい温かい葱そばや酢とコショウがきいた酸ノキイタ辛イソバなどの麺類はもちろん、とろりとやわらかなナスの炒め煮をしっとり系の炒飯にのせて食べるのが最高。カウンターの内側で鍋を振るご主人の笑顔にこちらも笑顔になる。

DATA

☎ 03-3463-5365　住 東京都目黒区青葉台3-9-9
営 11:30〜14:30／17:00〜21:30　土曜11:30〜14:30
休 日曜・祝日　MAP P.246

86 丁寧に作った鶏白湯
らーめん田
でん

丸に十字のシンプルな屋号が目を引くらーめん田さん。帰宅途中にお店の前を通り、気になって訪れて以来、通い続けている。丁寧に作られたこだわりの鶏白湯スープの美味しさはもちろん、カウンター8席をひとりで切り盛りするご主人の気さくなお人柄にすっかりファンになってしまった。スープの美味しさをストレートに楽しめる鶏塩や旨みたっぷりの鶏正油が私の定番だが、息子が愛してやまないのが工場鳥なるユニークな名前の付いたピリ辛スープの一品。店主がひとりで営むこだわりのラーメン店というと気難しいイメージがあるけれど、ここは誰にでも温かい。

DATA

☎ 03-3785-2377 住 東京都品川区二葉2-24-8
営 11:30〜14:30／18:00〜21:00 休 日曜・祝日 MAP P.247

CHAPTER **09**

TITLE

カフェ

仕事柄、打ち合わせをする機会がとても多い。私にとってのカフェの条件はゆったりとした雰囲気と座り心地のいい椅子、コーヒーが美味しいのはもちろん、飲み物の種類が豊富で、ケーキやサンドイッチなどの軽食もちょっと気がきいていて美味しいものを出してくれること。隠れた名店も外せない。雰囲気がいいけれど、タバコの煙がもくもくなどというところは自然に足が遠のいてしまう。

SHOP LIST

- 87_ APOC（南青山）
- 88_ ホットケーキパーラー Fru-Full（赤坂）
- 89_ 果実園リーベル（目黒）
- 90_ ラウンジ ORIGAMI（永田町）
- 91_ 銀座千疋屋（銀座）
- 92_ 銀座ウエスト（銀座）
- 93_ BUY ME STAND（渋谷）
- 94_ Anjin（代官山）
- 95_ THE ROASTERY（神宮前）
- 96_ a Piece of Cake（南青山）
- 97_ Le Soufflé（自由が丘）
- 98_ 竹むら（神田）
- 99_ 櫻井焙茶研究所（南青山）

87 幸せのパンケーキ
APOC
アポック

まさに骨董通りのオアシス。建物横の階段をとんとんと上がって扉を開ければ、店内には女主人の大川雅子さんが焼くパンケーキの香りが漂っている。こだわりの素材だけを使ったオリジナルの配合で作られたパンケーキは薄型で羽根のようにふわふわと軽い。いつも注文するのがホイップクリームとバターにベーコンを添えた一品。バターは溶かさずそのままで、ホイップクリームにはレモンをひと搾りするのがお店のおすすめの食べ方。メープルシロップをたっぷりかければ誰もが笑顔になる。自家製のクレオールスパイスミックスをかけてぴりりと味変すればさらに幸せに。

DATA

住 東京都港区南青山5-16-3-2F
営 12:00〜18:00(L.O.17:30)
休 火曜・第1、第3水曜・年末年始　MAP P.236

88 この美しい切り口を見よ
ホットケーキパーラー Fru-Full
フル　フル

フルーツサンドが大好きだ。みずみずしいフルーツとまろやかな生クリーム、そしてふわふわの生食パンの組み合わせは日本ならではのスイーツだと思う。赤坂のはずれに隠れ家のようにあるフルフルは完成度の高いフルーツサンドがいただける。このお店を開いたのはかつて神田にあった伝説の万惣(まんそう)フルーツパーラーの出身の方。ウッディなインテリアの可愛いお店で旬のフルーツを使ったパフェや万惣譲りのホットケーキが楽しめる。フルーツサンドに使われているフルーツはいちご、パパイヤ、キウイ、バナナ。こだわりのこの組み合わせが絶妙なハーモニーを生んでいる。

DATA
☎ 03-3583-2425
住 赤坂店／東京都港区赤坂2-17-52パラッツオ赤坂103
営 11:00〜13:30(L.O.13:00)／15:00〜20:00(L.O.19:30)
土日祝11:00〜18:00(L.O.17:00)　休 月曜・第1、第3日曜　MAP P.236

89 フルーツ満載のおどるパフェ
果実園（かじつえん）リーベル

季節のフルーツを使ったパフェが大人気の果実園リーベル。このお店に来るといつも驚かされるのがそのボリューム感。パフェグラスからこぼれ落ちんばかりのてんこ盛り。まさにインスタ映えという言葉がぴったりのダイナミックなルックスに目を奪われる。桃のパフェなど気を付けて食べないと落下してしまう危険性まで。インスタのハッシュタグで「#食べるジェンガ」と付けるほどだ。余計なソースやシリアルなどを一切加えずに、季節のフルーツにアイスと生クリームだけというシンプルなリーベルのパフェはフルーツそのものの美味しさを堪能できる。

DATA

☎ 03-6417-4740
住 目黒店／東京都目黒区目黒1-3-16プレジデント目黒ハイツ2F
営 7:30～23:00(L.O.22:30)／日曜7:30～22:30(L.O.22:00)
休 なし　MAP P.246

90 庭園を眺めながら優雅なひとときを
ラウンジ ORIGAMI
オリガミ

ORIGAMIは学生時代から通い続けている馴染み深い場所。数年前にホテルが改装されてすっかりモダンに生まれ変わったけれど、どこか懐かしいエキゾチックな雰囲気はそのまま。水面が美しい庭園を眺めながらゆったりと過ごせば、いいアイデアが浮かびそうだ。ぱりっと香ばしいジャーマンアップルパンケーキやフルーツ満載のプリンアラモード、隣接したダイニングではボリューム満点の排骨拉麺（パーコーメン）やインドネシア風フライドライスなどの往年の名物メニューも楽しめる。帰りにはバナナブレッドやメープルナッツブレッドをお土産に。

DATA
- ☎ 03-3503-0872
- 住 東京都千代田区永田町2-10-3 ザ・キャピトルホテル 東急 3F
- 営 10:00〜22:00（L.O.21:30） ※ジャーマンアップルパンケーキは11:00〜。
- 休 なし MAP P.244

91 珠玉のフルーツサンド
銀座千疋屋
<small>せんびきや</small>

銀座に来ると必ず足が向くのがこの銀座千疋屋。お目当ては名物になっているフルーツサンド。いちご、メロン、りんごなどの吟味されたフルーツが甘さ抑えめの生クリームと一緒にふわふわのパンにはさまれた珠玉の一品。きれいな真四角にカットされた様子はさすが銀座ならではのお上品さ。何度食べても飽きない美味しさで、ランチを食べた後でもするりとお腹に収まってしまう。通りを眺められる2階のサロンでゆっくり楽しむのもいいが、1階の売店で買って家で楽しむのもまたよし。古き良き時代を感じさせる鮮やかなブルーに花柄のパッケージも素敵。

DATA

☎ 03-3572-0101
🏠 銀座本店フルーツパーラー／東京都中央区銀座5-5-1
🕐 11:00〜20:00(L.O.19:30)／日曜・祝日11:00〜19:00(L.O.18:30)
休 年末年始　**MAP** P.244

92 良心しか感じないまっ当な喫茶店
銀座ウエスト

歴史を感じさせる重厚なインテリアにパリっと糊のきいたまっ白なテーブルクロス、古き良き時代の銀座の雰囲気が味わえるのがウエストの銀座本店。長い歴史があるのに、常にゲストをもてなす気持ちにあふれているのが感じられて訪れる度に幸せな気持ちになる。シュークリームやホットケーキなど名物はいろいろあるけれど、何度もリピートしているのが卵と野菜のサンドイッチ。カリッとトーストした薄切りパンで作ったサンドイッチはまっ当で食べ飽きない美味しさ。コーヒーと紅茶がお代わり自由なのもうれしい限り。礼儀正しく温かい接客も居心地のよさの理由。

DATA

☎ 03-3571-1554　住 銀座本店／東京都中央区銀座7-3-6
営 9:00〜23:00／土日祝11:00〜20:00　休 なし　MAP P.244

93 ハートを鷲掴みするサンドイッチ
BUY ME STAND
バイ ミー スタンド

並木橋からほど近い場所にある、鮮やかなペパーミントグリーンが目を引くバイミースタンドはファッションのロケで何度もお世話になっているアメリカンなサンドイッチのお店。サンドイッチは熱した鉄板でパンを焼きつけるグリルドスタイル。どのメニューも魅力的なのだが、いちばんのおすすめがほろっとやわらかい豚バラに飴色玉ねぎとスライスしたりんごとカマンベールをはさんだその名も可愛いアップルチークス。とろけたチーズの塩味と飴色玉ねぎのコク、りんごの甘酸っぱさが相まった甘じょっぱマニアのハートを鷲掴みする一品。添えられたコールスローも美味。

DATA

☎ 03-6450-6969
住 渋谷店／東京都渋谷区東1-31-19マンション並木橋302
営 8:00～21:00(L.O.20:30)　休 不定休　MAP P.240

CAFE

94 大人のゆったり空間
Anjin
アンジン

代官山 蔦屋書店の2階にあるAnjinはゆったりとしたレイアウトが落ち着けるラウンジスタイルのカフェ。一緒に仕事をするフォトグラファーとの打ち合わせや取材で人に会うときなどに隣の席を気にすることなく時間を過ごせるのがとてもありがたい。店内の壁にはさまざまな雑誌のバックナンバーがぐるりと配置されていて自由に手に取ることができるのでちょっと時間が空いたときにも足が向く。梅シロップ入りのソーダやかりがねほうじ茶などコーヒーや紅茶以外の飲み物のラインナップが豊富なのも魅力。小腹が空いたときにはナポリタンを。美味しくて病みつきになる。

DATA

☎ 03-3770-1900　住 東京都渋谷区猿楽町17-5 代官山 蔦屋書店2号館2F
営 11:00〜26:00　休 なし　MAP P.240

95 濃厚で上品なエスプレッソソフト
THE ROASTERY
(ザ ロースタリー)

キャットストリートのなかほどに位置するコーヒーショップ。インダストリアルな雰囲気がカッコよくてよくロケでお世話になっている。三宿にあるNOZY COFFEE(ノージー コーヒー)のシングルオリジンの豆を使ったコーヒーと表参道のbreadworks(ブレッドワークス)のペイストリーが楽しめる。なかでもこのお店でしか食べられないNYリングスが本当に美味しい。クロワッサン生地を揚げたドーナッツだがふんわり軽くて、香ばしくて酸味のきいたコーヒーによく合う。エスプレッソを使ったソフトクリームも絶品。甘さ控えめで大人の味わい。お天気のいい日にテラスでのんびり過ごすのが至福の時間。

DATA

☎ 03-6450-5755　住 東京都渋谷区神宮前5-17-13
営 10:00〜22:00／日曜・祝日10:00〜21:00　休 なし　MAP P.242

96 岡本太郎記念館の癒し系カフェ
a Piece of Cake
（ア ピース オブ ケーク）

青山にある岡本太郎記念館に併設された可愛らしいカフェ。庭に展示された岡本氏のオブジェと木々の緑を眺めながらアメリカンスタイルのスイーツやアボックと同じレシピで焼かれるパンケーキが楽しめる。ヴィンテージ好きにはたまらない店内のインテリアと使われている器がまず可愛い！ カラフルでどこか懐かしい器を見ているだけで気分が上がる。そんな器でサーブされるのが濃厚なN.Y.スタイルのチーズケーキやしっとりとしたチョコレートケーキに、旬の季節には焼きりんごやアップルパイも。気候のいい時季には外のテラスも最高に気持ちがいい。

DATA

☎ 03-5466-0686 住 東京都港区南青山6-1-19
営 11:00〜19:00(L.O.18:30) 休 火曜・年末年始 MAP P.236

97 注文してから焼く絶品スフレ
Le Soufflé
<small>ル スフレ</small>

オーブンから出したばかりの焼きたてのスフレほど人を幸せにするものはないと思う。カップからふんわり立ち上がった香ばしい焼き色の付いた表面にスプーンを入れて、添えられたソースをたらしてひとくち。甘い香りと儚いほどふわふわのやわらかさ。あっという間にしぼんでしまうので急いで食べなくてはいけないのにもったいなくて、いつも食べるのが惜しくなってしまう。学生時代によく通った西麻布店から自由が丘に移転してもこだわりのスフレの美味しさはそのまま。シンプルなヴァニラ、爽やかなレモン、秋を感じさせるマロンなど何を食べても満足度が高い。

DATA

☎ 03-5701-2695
🏠 ル・スフレ自由が丘／東京都目黒区緑が丘2-25-7 2F
🕙 10:00～20:00　休 元日(スイーツフォレストに準ずる)　MAP P.246

CAFE

98 昭和の時代にタイムスリップ
竹むら
たけ

蕎麦の神田まつや、あんこう鍋のいせ源、鳥すきのぼたんなど昭和グルメの名店が軒を連ねる神田の一角に共に店を構える竹むら。都の歴史的建造物にも指定されている風情あふれる木造建築で丁寧に作られた甘味が楽しめる。寒くなると登場するあわぜんざいがとにかく絶品。もっちりぷちぷちの蒸した粟になめらかなあんがたっぷり。いつもは粒あん派の私もここのあわぜんざいには夢中になってしまうほど。また熱々の揚げまんじゅうも欠かせない一品。揚げたてにかぶりつくとカリッと香ばしい衣にあんがとろりととろけ出す。お土産で持ち帰ってトースターで温め直すのもおつ。

DATA

☎ 03-3251-2328　住 東京都千代田区神田須田町1-19-2
営 11:00〜L.O.19:40　休 日曜・月曜・祝日　MAP P.244

99 一服のお茶で優雅な時間を楽しむ
櫻井焙茶研究所
さくらい　ばい　さ　けんきゅうじょ

コーヒーや紅茶とはまた違う穏やかな癒しの時間を味わえる日本茶の専門店。以前あった西麻布から表参道のスパイラルビルの5階に移転した新しい店舗はガラス張りで気持ちのいい日差しが感じられる空間だ。8席ほどあるカウンターに座って、お茶を淹れる優雅な所作を眺めるのはとにかく興味深く、心落ち着くひととき。煎茶や玉露とさまざまな日本茶が揃うが、なかでもほうじ茶はそれをその場で焙煎してくれるのでとても香りがいい。一煎目、二煎目、三煎目と味が変わっていくのをじっくり堪能できる。夜にはお酒と日本茶のコンビネーションも楽しめる。

DATA
- ☎ 03-6451-1539　住 東京都港区南青山5-6-23 スパイラル5F
- 営 11:00〜23:00／土日祝11:00〜20:00
- 休 不定休[スパイラルビルに準ずる]　MAP P.236

CHAPTER **10**

TITLE

パン

朝食を始め、サンドイッチに欠かせないシンプルな食パン、ワインとチーズにぴったりのハード系のパン、おやつにうれしいデニッシュやクリームやチョコレート入りのスイーツ系など、パンのバラエティはそれこそ無限大。美味しいパン屋さんも老舗からパティシエが作る新感覚のお店までそれこそ百花繚乱。どれを選ぶのか迷ってしまうけれど、毎日食べたくなるのはどこか懐かしい感じがする街のパン屋さんだったりする。

SHOP LIST

100_ Centre the Bakery（銀座）
101_ イトウベーカリー（早稲田）
102_ 明治屋（広尾）
103_ breadworks（天王洲）
104_ パンのペリカン（浅草）
105_ ベーカリー＆カフェ
　　　沢村（広尾）
106_ カタネベーカリー
　　　（代々木上原）
107_ THE CITY BAKERY
　　　Hiroo（広尾）
108_ 365日（代々木公園）
109_ HEART BREAD
　　　ANTIQUE（銀座）
110_ ジャンティーユ（目黒）

100 耳まで美味しい食パン
Centre the Bakery
（セントル ザ ベーカリー）

銀座の京橋寄りにある常に行列が絶えない食パン専門店、セントル ザ・ベーカリー。扱うのは、国産小麦を使った特に生食が美味しい角食パン、アメリカ・カナダ産小麦を使って生食、トーストともに美味しいプルマン、山型のイギリスパンの3種類のみという潔さ。どれもそれぞれ個性が立っていて、食パンってこんなに美味しかったんだと再認識できること必至。なかでも角食を初めて食べたときの驚きといったら！ しっとりもちもちの食感で耳まで美味しい。まさに食べる低反発枕という表現がぴったり。その場で溶かしたラクレットチーズをのせたチーズトーストも絶品。

DATA

☎ 03-3562-1016
住 東京都中央区銀座1-2-1東京高速道路紺屋ビル1F
営 10:00〜19:00　休 不定休　MAP P.244

101 ほっとするお総菜パンの宝庫
イトウベーカリー

今ではビルが立ち並ぶ溜池山王で70年近くも営業していた長野ベーカリーが惜しまれながらいったん幕を下ろしたのは2017年9月。悲嘆にくれていたら1月にイトウベーカリーとして再びスタートすると聞き安心した。長野ベーカリーは朝7時から営業していたので、早朝ロケの朝ごはんに何度お世話になったことか。ふんわりやわらかなコッペパンに揚げたてのコロッケやハムカツ、ポテトサラダなどをはさんだサンドイッチはどれも脂っこくなく優しい味わい。生地とバターの風味をシンプルに楽しめるしげじロール、クリームチーズやフルーツの甘いパンも豊富に揃っている。

DATA

☎ 03-6265-9018　住 東京都新宿区西早稲田1-10-7
営 8:00〜18:00　休 月曜・日曜・祝日　MAP P.248

102 絶品塩バターロール
明治屋
めいじや

広尾の明治屋に買い物に行ったときに必ずのぞいているのがベーカリーコーナー。定番の食事パンに加えて、工夫を凝らした新製品が並んでいることが多いからだ。ヒット作はたくさんあるが、気に入っているのが塩バターロール。さくっとしっとりのイギリスパン生地をのばし、ロール状にして粗塩を振り焼き上げた一品。塩味の加減もほどよく、オーブントースターで温めれば風味豊かなバターがじゅわっとしみ出る。料理に添えるのはもちろん、あんこやマーマレードをはさめば甘じょっぱい味を楽しめる。他にあんこやソーセージを巻き込んだミニクロワッサンもおすすめ。

DATA

☎ 03-3444-6221
住 広尾ストアー／東京都渋谷区広尾5-6-6広尾プラザ1F
営 10:00〜21:00　休 元旦　MAP P.240

103 練乳の甘さがほっとする
breadworks
ブレッドワークス

ベイエリアの運河を望む天王洲にあるスタイリッシュなブルワリーレストラン、T.Y.HARBOR（ティ・ワイ・ハーバー）に隣接するこのお店。ロケで訪れたときにスタッフみんなが楽しみにしているのがほんのり優しい甘さのミルクスティック。スティック状に焼き上げたソフトなフランスパンにまろやかな練乳クリームをはさんだもので、そのどこか懐かしい味わいは誰が食べても一度でファンになってしまう美味しさ。全員分買わないと苦情が出てしまうほどだ。他にチーズたっぷりのクロックムッシュや季節のフルーツで作ったペイストリー、しっかり焼き上げたマフィン類もおすすめ。

DATA

☎ 03-5479-3666　住 東京都品川区東品川2-1-6
営 8:00〜21:00　休 なし　MAP P.247

104 シンプルで変わらない味
パンのペリカン

浅草で創業して75年、親子四代で営むペリカンはいわずと知れた老舗のベーカリー。菓子パン類はなく、扱っているのは食パン、ロールパンの2タイプのみという潔さ。食パンもロールパンもフワフワでありながらしっかりもっちりの食べごたえが素晴らしく、シンプルで食べ飽きない美味しさ。ペリカンをモチーフにしたちょっぴりレトロな包装にもそそられる。最近は予約分だけで売り切れてしまうこともあるので事前に予約しておくのが必須。せっかく浅草まで足をのばしたら、近くにオープンした直営のカフェにも寄って自慢の炭火焼きトーストも味わってみたい。

DATA ───────────

☎ 03-3841-4686(電話受付は8:00〜15:30)　住 東京都台東区寿4-7-4
営 8:00〜17:00　休 日曜・祝日・年末年始・夏季休業あり　MAP P.248

105 地卵たっぷりのクリームパン
ベーカリー&カフェ 沢村(さわむら)

軽井沢に本店があるこだわりのベーカリー。広尾には一店舗めになるブレッド&タパス、広尾プラザ内にはベーカリー&カフェがある。どちらも朝7時からオープンしているので撮影の際の朝ごはんにもお世話になっている。沢村のベーカリーはとにかく種類が豊富。焼きたてのパンがずらりと並ぶ様子は壮観でどれにしようかいつも迷ってしまう。天然酵母を使ったパンはどれも間違いない美味しさ。なかでもいちばんのおすすめがクリームパン。地卵の卵黄だけを使った濃厚なカスタードクリームとハード系の生地の組み合わせは一度食べるとすっかり病みつきになってしまう。

DATA

☎ 03-6450-2255　住 東京都渋谷区広尾5-6-6広尾プラザ2F
営 7:00〜22:00(L.O.21:00)　休 元旦　MAP P.240

106 噛むほどわかる素朴な美味しさ
カタネベーカリー

早朝ロケの朝ごはんにロケバスの方が用意してくれた具だくさんのサンドイッチと甘いパンのセットが美味しくてすっかりファンになってしまったのが代々木上原にあるカタネベーカリー。丁寧に作られた天然酵母のハード系パンが評判だが、あんぱんやチョコフランス、クルミやドライフルーツが入ったデニッシュ類などの甘いパンもハード系に負けず劣らず美味しい。そして良心的な価格もこのお店の魅力。こんなお店が家の近くにあったらなぁと訪れる度に思ってしまう。ちなみにブルーボトルコーヒーで供されているパンもこのカタネベーカリーのものだそう。

DATA

☎ 03-3466-9834　住 東京都渋谷区西原1-7-5
営 7:00〜18:30　休 月曜・第1、第3、第5日曜　MAP P.242

107 N.Y.気分に浸れるベーカリー
THE CITY BAKERY Hiroo
ザ　シティ　ベーカリー　ヒロオ

N.Y.発の老舗ベーカリーが日本に出店したもののひとつが広尾にあるこのお店。クロワッサンのサクッとした食感とプレッツェルの塩味ともちもち感を同時に味わえるプレッツェルクロワッサンが評判だけれど、シンプルな食パンもふんわりやわらかでとても美味しい。その食パンを使ってその場でグリルしてくれるサンドイッチは軽く食べたいランチや小腹が空いたときにぴったり。ゴルゴンゾーラとりんごをはさんだものは甘じょっぱ好きにはたまらない一品。大きなマシュマロがぷかりと浮いた濃厚なホットチョコレートもしっかり甘いけれど寒いときには恋しくなる。

DATA

☎ 03-6450-4440　住 東京都渋谷区広尾5-24-1広尾ユタカタワーズ1F
営 7:00〜20:00　休 なし　MAP P.240

108 毎日でも食べたくなる
365日

余計な飾りのないシンプルなフォルム、親しみやすいのにどこか洗練された雰囲気が漂っている365日のパン。365日という店名の通り、日々の食事を大切にしたくなるこだわりのパンが揃っている。新鮮なうちに食べきれるようにと小ぶりに作られているのもこの店の特徴。小ぶりの食パンはサクッと軽くて、バターやジャムとの相性が抜群。口溶けのよいブリオッシュで粒々のチョコレートをはさんだクロッカンショコラは元パティシエというご主人ならではの完成度の高い一品。安全な食を追求したいとの思いから、お店ではパン以外の食材や道具も販売されている。

DATA

☎ 03-6804-7357　住 東京都渋谷区富ヶ谷1-6-12
営 7:00〜19:00　休 2月29日　MAP P.242

109 あんこ好きにはたまらない
HEART BREAD ANTIQUE
<small>ハート　ブレッド　アンティーク</small>

銀座で用事があるときには自然に足が向いてしまうのが、独創的なレシピで作られるスイーツのようなパンが人気のアンティーク。デニッシュにチョコチップを混ぜ込んだチョコリングが名物だが、私のお目当てはあんこをたっぷり巻き込んだあん食パン。ずっしりと持ち重りのするものをいそいそと持ち帰り、まずはそのままスライスして楽しむ。しっとりやわらかで、通常のあんぱんとはまた違うみずみずしい美味しさ。軽くトーストしてバターやマスカルポーネをたっぷり付けて食べればカロリーの高さも忘れてしまうほど幸せな気持ちに。焼き上がりの時間を狙って出かけたい。

DATA

☎ 03-6228-6806　住 銀座本店／東京都中央区銀座3-4-17 OPTICA 1F
営 10:00〜21:00　休 年末年始　MAP P.244

110 やわらかで優しい味わいのパン・オ・レ
ジャンティーユ

山手通りに面した場所にさりげなく佇むガラス張りの可愛いお店が車で通る度に気になっていた。それが美味しいブーランジェリーだということがわかって通うように。天然酵母・ルヴァン種を使った生地や、水の代わりに牛乳を使ったやわらかでもっちり、ほんのり甘さが漂うパン・オ・レ生地など種類もさまざま。フランス語で優しいという意味を持つ店名の通りの温かみがある優しい味わいが特徴だ。クレームカマンベールはやわらかな生地のなかにトロリととろけたカマンベールがたっぷり。少し温めてブルーベリージャムを付けて食べるとたまらない。

DATA

☎ 03-3712-9610　住 東京都目黒区目黒3-1-1
営 8:30〜19:00　休 日曜・祝日　MAP P.246

CHAPTER **11**

TITLE

ariko's JOURNEY

日常の生活を忘れて、旅に出る時間は疲れた身体と心をリフレッシュさせてくれる。若い頃は海外にばかり目が向いていたけれど、最近改めて実感するのが日本の素晴らしさ。ちょっと時間ができたら出かけられて、四季折々の自然と温泉、美味しいごはん、そこに行かなければ食べられないご当地グルメも欠かせない。ご縁ができて以来リピートしている旭川、湯河原、大分をご紹介したいと思う。

LIST

北海道	P.130	別府	P.144
湯河原	P.140	湯布院と日田	P.148

北海道

息子の大学進学でご縁ができた旭川。ひとり暮らしをしている息子のパトロールと称して様子を見がてら数カ月に一度訪れるのを楽しみにしている。大雪山を抱く豊かな自然に恵まれ、美瑛や富良野にも足をのばせる。山の幸も海の幸も豊富なので食の楽しみを満喫している。

星野リゾート 旭川グランドホテル

高層階の部屋は旭川の街を一望できる。晴れた日には大雪山もくっきり。以前あった和朝食のビュッフェの海鮮丼がお気に入りだった。

旭川での宿泊はこの旭川グランドホテルと決めている。繁華街から少し離れた市役所付近の緑の多いエリアにあり、英国調の煉瓦造りの落ち着いた雰囲気はゆったりと寛げる。地下にはスパ施設もあり、旅の疲れを癒してくれる。また特筆すべきは朝食のビュッフェの充実ぶり。ホテルメイドのベーカリーやその場で作ってくれる卵料理などが楽しめる。

DATA
- ☎ 0166-24-2111
- 住 北海道旭川市6条通9丁目
- ※2018年4月28日よりホテル名が「星野リゾート OMO7 旭川」に変更。

鮨みなと
(すし)

ミシュランひとつ星に輝く鮨みなと。白身魚で雲丹を巻いて塩昆布をあしらったものなど、ひと工夫されたおつまみから始まって、こだわりのお鮨まで、カウンターに座って身をまかせれば極上の時間が過ごせる。とろけるような雲丹や氷の上で1日寝かせて甘味を出すぼたん海老などの北海道の素材だけでなく、よいものを全国から。高級店でありながらサービスもとても温かい。お腹に余裕があれば、絶品手打ち蕎麦もぜひ！

研究熱心なご主人は素材の新鮮さだけに頼るのではなく、どのネタもひと工夫して悶絶級の美味しさに仕上げる名人。やっぱり北海道ならではのネタが楽しみ。

DATA

☎ 0166-22-7722　住 北海道旭川市3条通5丁目左9号
営 18:00～23:00(L.O.22:30)
休 日曜(日曜、月曜が連休の場合は、日曜営業・月曜休み)

Valore
バローレ

どこまでも続く道、見渡す限り広がる大地、北海道ならではの風景を眺めながら旭川から車で30分ほどで美瑛に到着する。幹線道路から入った未舗装の道の先に現れるのがカラ松林に囲まれた瀟洒な一軒家レストラン。こちらで楽しめるのが北の大地で育まれた四季折々の素材を使って、目にも鮮やかに仕上げた美瑛イタリアン。春夏は人気で予約が取りにくいので、あえて観光客が少なくなる晩秋から冬に訪れている。目でも舌でも楽しめるおまかせのコースは全10品。スタッフのサービスもとても温かい。

2017年ミシュランで星を取ったバローレ。採れたて野菜に新鮮な魚介、どの皿も食べるのが惜しくなるような美しいプレゼンテーションに歓声が上がる。

DATA

- ☎ 0166-92-2210（完全予約制）
- 住 北海道上川郡美瑛町美沢共生
- 営 11:30〜15:00(L.O.13:00)／18:00〜22:00(L.O.19:00)
- 休 木曜・その他不定休あり

甘味茶屋ぶんご
かんみちゃや

母と娘で営むぶんごは旭川っ子が愛してやまない甘味と釜飯のお店。いつも午前中の便で到着してすぐのお昼に訪れる。大好きでリピートしているのが、お出汁のきいたつゆが美味しいあげもちうどん。じゃこ入りのぶんごめしとサラダ、あんこかきなこが選べる白玉が付いた定食仕立てがうれしい。お腹に余裕があればデザートに甘味を。よいものが入ったときだけ作られるという牡蠣の炊き込みごはんもいつか食べてみたい。

釜飯やうどんの美味しさはもちろん、甘味メニューも豊富。夏限定のかき氷はほっこり炊き上げた小豆に濃い抹茶が美味しい宇治金時が絶品。必ず予約して。

DATA

☎ 0166-32-5270
住 北海道旭川市南1条26
営 11:00〜14:30(L.O.14:00)／17:00〜20:00(L.O.19:30)
休 月曜・第2火曜

谷口農場
<small>たにぐちのうじょう</small>

息子が大学に入学したときお祝いのお返しに何か旭川にゆかりのあるものをと思って見つけたのが、有機栽培にこだわって作っている谷口農場のトマトジュース。濃厚でありながらさっぱりとしていてひとくち飲んだだけですっかりファンになってしまった。広大な敷地を持つ現地では夏から秋にかけてトマトもぎが開催されるほか、トマトやとうもろこし、お米などに加え、それを使った製品や調味料などが買えるショップやカフェがある。

カフェではトマトジュースを始め、トマトソースをかけた(甘酸っぱくて絶品!)ソフトクリームも楽しめる。収穫時期に開催しているトマトもぎも最高。

DATA
☎ 0166-38-6336
住 北海道旭川市東旭川町共栄255番地
営 6月~8月9:00~18:00/
9月~5月10:00~17:00 休 不定休
※トマトもぎとり&ジュースづくり
体験は6月中旬~7月頃開催。要予約。

北の住まい設計社
きた す せっけいしゃ

旭川に来たら必ず足をのばすのが東川町にあるこの場所。古い校舎を改装した店内では家具や生活雑貨、食材などを扱っているほか、併設されているベーカリーとカフェも温かみのある雰囲気でとても落ち着ける。北海道産の希少ワインや北欧食器の掘り出し物にも出会えるのが魅力。

DATA
☎ 0166-82-4556　住 北海道上川郡東川町東7号北7線
営 10:00〜17:30(食事L.O.16:00／デザート、ドリンクL.O.17:00)
休 水曜

SÜNUSU + café
スヌス

旭川はどこか北欧の香りがする街。北欧のヴィンテージ雑貨や食器を扱うセレクトショップの2階にあるのが時間を忘れてゆったり寛げるほっこりレトロな雰囲気のカフェ。お目当ては泡立てた卵白でふわふわに仕上げたパンケーキ。甘じょっぱいキャラメルソースがおすすめ。

DATA

☎ 0166-27-7000
住 北海道旭川市7条通8丁目左2号
営 11:00〜19:00　休 水曜

六花亭
(ろっかてい)

「いらっしゃいまし」の温かな挨拶でお馴染み。北海道の良心と勝手に呼んでいる六花亭は訪れる度に心癒される場所。なかでも神楽岡公園に面した場所にあるこのお店はまるで美術館のような佇まいに心が落ち着く。お土産を調達するついでに併設されたカフェで可愛い絵柄の食器で供されるお菓子とお茶でのんびり寛ぐのが最高。直営店でしか買えない生菓子や絶品バターなどはお土産にすれば喜ばれること間違いなし。

お土産でおすすめなのが□△○(まる さんかく しかく)という名前も可愛い焼菓子の詰め合わせ。直営店でしか買えない十勝マルセイバタがとにかく絶品。必ず買いだめしている。

DATA
☎ 0120-12-6666
住 神楽岡店／北海道旭川市神楽岡8条2丁目1-15
営 店舗9:00～18:30／喫茶室10:30～L.O.17:00　休 なし

ラーメン

シンプルで古き良き美味しさが特徴の旭川ラーメンは食べ飽きないのが魅力。醤油、塩、味噌…etc. 自分好みのお店を探すのが楽しい。

旭川といえば欠かせないのはやっぱりラーメン。寒い時期に身体の芯から温めてくれる熱々のラーメンは最高のごちそう。味わい深い醤油に細縮れ麺の旭川ラーメンに加えて、こっくり濃厚な味噌、さっぱりの塩、旭川空港の隠れた名物のミルクラーメンなど百花繚乱。さくっと食べられて満足度の高いラーメンはランチの定番メニュー。息子のおすすめに従っていろいろ食べ歩いている。

DATA

（左上から時計まわりに）旭風らーめん ☎ 0166-83-2266 住 北海道上川郡東神楽町東2線16号98番地 旭川空港ターミナル内 営 11:00～20:00(L.O.19:40) 休 なし／ラーメン専門つるや ☎ 0166-31-5814 住 北海道旭川市4条通19丁目左10号 営 11:00～19:30 休 月曜(祝日の場合は、翌日休み)／みそラーメンのよし乃 本店 ☎ 0166-31-3619 住 北海道旭川市豊岡1条1丁目1-8 営 11:00～21:00(L.O.20:30) 休 木曜(祝日の場合は、前日休み)／生姜ラーメン みづの ☎ 0166-22-5637 住 北海道旭川市常盤通2丁目 営 10:30～14:30、17:00～18:30 日曜11:00～15:00(要問い合わせ) 休 不定休

成吉思汗 大黒屋
(ジンギスカン だいこくや)

あまり得意ではなかったジンギスカンの常識が変わったのがこの大黒屋。まず生で食べられるほどフレッシュな生ラムはクセがなく驚くほどのやわらかさ。通常はタレに浸け込まれているものが多いのだが、大黒屋ではそのままで焼いてからタレで食すスタイル。キレのあるタレもハーブ塩もどちらも最高に美味しい。煙モクモクもまた気分。

DATA
☎ 0166-24-2424　住 北海道旭川市4条通5丁目
営 17:00～23:30(L.O.23:00)　※GW中、7～8月は16:00～の営業。
休 不定休

塩辛、干しちゃった

北海道土産のダークホースがこの塩辛、干しちゃった。イカの塩辛をフリーズドライにしたものでとにかくお酒に合う。始めはカリッと、そのうちにじんわり磯の香りと旨みが口いっぱいに広がる。ふざけた名前だけれど、これがバカにできない美味しさ。海外へのお土産にしたら現地のおじさまたちに引っ張りだこになったという逸話もあり（笑）。

DATA
株式会社 布目(ぬのめ)　¥(左から) 塩辛とチーズ、干しちゃった 20g／塩辛、干しちゃった 20g／塩辛ととうきび、干しちゃった 20g 各240円＋税
☎ 0138-43-9101(代)

湯河原

仕事がひと段落したとき、足が向くのが東京から1時間半のドライブで到着する湯河原。山あいの景色を楽しみながら、肌にやわらかな温泉に浸かって、美味しいごはんに舌鼓を打っているうち気が付けば元気になっている。絶品ラーメンやパンなど楽しみもたくさん。

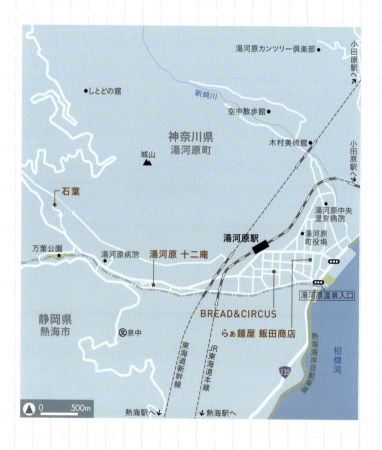

石葉
せきよう

YUGAWARA

20年来通っている石葉は緑深い山あいに佇む9室の静かなお宿。どこもかしこも清潔で、ご主人の美意識が行き届いたしつらいはシンプルでいて趣があり、とにかく落ち着ける。ふんだんに用意されたタオル、ぐっすり眠れる寝具、朝風呂の後に着替える新しい浴衣、あたりまえのようでいてそれを徹底することはとても難しい。さりげないのに温かなサービスも魅力。気分は上がるのに派手ではない、その塩梅が絶妙なのだ。

肌にやわらかな湯河原の温泉。かけ流しのお湯を湛えた大風呂は四季折々の自然を楽しめる風趣ある庭園風呂の他に、箱根連山を眺められる展望風呂がある。坪庭に面した部屋付きのひのき風呂もゆったり落ち着ける。

上げ膳据え膳で美食を楽しむ至福のひととき。ミシュランでふたつ星を獲得している石葉はその食も楽しみのひとつ。季節の素材の美味しさを堪能できるシンプルで洗練された料理の数々。食事を締めくくる甘味も和菓子屋さん顔負けのクオリティに驚かされる。もちろん器やしつらいも素晴らしい。夏の鮑、秋の松茸、冬の間人(たいざ)ガニと季節の贅沢素材を取り入れたコースも用意されているので自分へのご褒美として奮発したくなる。また石葉の魅力を語るのに欠かせないのが朝ごはん。ごはんのお供がずらりと並ぶ様子はまさに大人のままごとと呼びたくなる楽しさ。炊きたての白米の美味しさを実感できるはずだ。

夏の鮑祭りは刺身、石焼き、揚げ、ごはんと大きな鮑を存分に味わいつくす贅沢コース。夏から秋には函南(かんなみ)の鮎も。余分なものがひとつもない完璧な朝ごはんも。

DATA

☎ 0465-62-3808
住 神奈川県足柄下部湯河原町宮上749

らぁ麺屋 飯田商店

湯河原駅から離れた場所にあるにもかかわらず、全国からファンが集まる人気店。喉ごしがよくつるっと食べられる自家製の細麺に味わい深いスープはアラフィフも飲み干してしまう美味しさ。常に行列が絶えないが比較的入りやすい平日が狙いめ。

DATA

☎ 0465-62-4147　住 神奈川県足柄下郡湯河原町土肥2-12-14
営 11:00～15:00　休 月曜(祝日の場合は、翌日休み)

BREAD & CIRCUS

美味しいパンを求めて多くの人が訪れる。天然酵母のハード系や小麦の香りが豊かな食パンなどはもちろん、工夫を凝らした菓子パン類もバラエティ豊富に揃う。どれも美味しいけれど、チーズ入りの丸パンやドライフルーツ入りの大ファン。

DATA

☎ 0465-62-6789　住 神奈川県足柄下郡湯河原町土肥4-2-16
営 11:00～17:00　休 水曜・木曜

湯河原 十二庵

揚げだし、湯豆腐、冷や奴と石葉の朝食で出される豆腐を作っているのがこの十二庵だと教えてもらって以来、帰り道に寄るようになった。大豆の味わい豊かな絶品豆腐に加えて、湯葉やお揚げにねぎと味噌を入れたものなどおつまみに最適な一品も。

DATA

☎ 0465-43-7750　住 神奈川県足柄下郡湯河原町宮上170-1
営 9:00～18:00　休 水曜

別府

あちらこちらで湯けむりが上がり、古き良き昭和の香りが漂う別府の街。豊富な湯量を誇る別府のなかでもお気に入りがミルキーブルーのお湯が肌に優しい岡本屋の明礬(みょうばん)温泉。新鮮な魚介や地鶏料理を始め、温泉の熱を利用した地獄蒸し料理や温泉プリンなど名物料理も。

別府明礬温泉 岡本屋

別府湾を一望できる高台の明礬温泉にある岡本屋は明治創業の老舗旅館。湯治の風情が残るレトロな佇まいはどこか懐かしく、なんとも居心地がいい。ごろりと横になって昼寝したり読書をしたりとゆったりと時間を過ごしたくなる。眼下を横切る明礬橋越しの美しい景色はいくら眺めていても飽きることがない。温泉にのんびり浸かったあとはお楽しみの夕げを。チャーミングな女将さんの温かなサービスにもいつも心癒される。

海に近い別府は海の幸の宝庫。地の素材をふんだんに盛り合わせた地獄蒸しは目でも舌でも楽しめる岡本屋さんならではの豪華な一品。温泉の湯気で蒸し上げた熱々の蒸籠料理は朝食にも。名物の団子汁も味わいたい。

岡本屋の明礬温泉の最大の特徴はなんといってもその美しい色。硫黄成分を多く含んだミルキーブルーのお湯は肌にやわらかに馴染み、湯上がりつるつるに。こんなに即効性のある温泉は初めてだ。広い露天風呂は手足をのばしてのびのびと浸かれる解放感が魅力。何度も浸かりたくなってしまう。岡本屋には温泉を使ったもうひとつの名物がある。それが坂を上った場所にある茶屋で出される地獄蒸しプリンと地獄蒸し卵を使ったたまごサンドだ。宿に泊まらなくても楽しめるのでぜひ立ち寄ってみてほしい。とり天うどんなどの食事メニューもあるので充実のランチタイムが過ごせる。

たまごサンドはふわふわ食パンに卵ペーストがたっぷり。ぱりっとした胡瓜の歯ごたえも楽しい。プリンは濃厚なカラメルとなめらかなプリンのバランスが絶妙。

DATA

☎ 0977-66-3228
住 大分県別府市明礬4組

六盛
<small>ろくせい</small>

手のべにこだわった六盛は大分っこが愛してやまない大分冷麺の名店。そば粉入りのつるつるっとした食感が美味しい冷麺と脂っぽさが一切ない澄んだスープはさっぱりしつつも深い味わい。キャベツのキムチを絡めながら味わうとこれがまたクセになる。冷麺専門店とはいえ、実はラーメンもかなりの美味しさだと教えてもらった。

DATA
- ☎ 0977-22-0445
- 住 大分県別府市松原町7-18
- 営 11:30~14:30/18:00~20:30　休 水曜

八新鮨
<small>はっしんすし</small>

大分に住む食いしん坊友達に紹介してもらった八新鮨。大分の新鮮な魚にご主人の確かな技術とセンスでさまざまなアレンジが加えられたおまかせコースがとにかく素晴らしい。美しく包丁を入れたイカにカラフルなにしきごまのトッピング、城下鰈（しろしたかれい）はかぼすと塩で、途中にはフォアグラをはさむ遊び心も。カウンターで心ゆくまで堪能したい。

DATA
- ☎ 0977-23-3081
- 住 大分県別府市北浜2-1-16
- 営 18:00~23:30(L.O.23:00)　休 日曜

湯布院と日田

雄大な由布岳や緑に囲まれた金鱗湖など豊かな自然に恵まれ、温泉と野趣あふれる美食を供する個性的な宿が点在することで知られる湯布院。また湯布院を拠点に日田まで足をのばせば、器好きにはたまらない小鹿田焼の窯元がある。途中寄り道して名物の日田焼きそばも楽しみたい。

小鹿田焼の里
おんたやき さと

湯布院から車で1時間ほどの緑深い山あいの集落にあるのが小鹿田焼の里。小さな清流沿いには登り窯が点在し、水力を利用して陶土をつく唐臼の音がなんともものどかで心地よい。300年以上の歴史があり、今でも一子相伝で伝統的技法が伝承されている小鹿田焼は飛び鉋や刷毛、櫛などの道具を用いて付けられた幾何学的な文様が特徴。窯元同士は歩いてすぐの場所にあるので、散策しながら、窯元まわりをするのが楽しい。

素朴でありながらどこかモダンな雰囲気もある小鹿田焼は普段に気兼ねなく使えるのが魅力。窯元は全部で10軒。同じ技法でもちょっとずつ雰囲気が違うので、それぞれの作風をチェックしながら好みの作品を見つけてみては。

DATA

☎ 0973-29-2020（小鹿田焼陶芸館）
住 大分県日田市源栄町皿山138-1
営 9:00〜17:00
休 水曜（祝日の場合は、翌日休み）、年末年始

亀の井別荘
かめ　の　い　べっそう

湯布院屈指の老舗旅館である亀の井別荘。金鱗湖からすぐの広大な庭園に点在する見事な日本建築の離れの客室。端正な日本間で過ごすのはとても貴重な時間だ。何もしないでのんびり美しい緑と池の水面を眺めているだけで贅沢な気分に浸ることができる。部屋にも露天風呂があり、温泉を存分に楽しめる。部屋での食事に加え、親しみやすい食事処、湯の岳庵(たけあん)やクラシックな雰囲気漂う茶房 天井桟敷(てんじょうさじき)、オリジナルの柚子こしょうやジャムなどのお土産が揃う鍵屋(かぎや)など楽しめる場所も充実している。

和室の食卓に白いテーブルクロスが清々しい。器も素晴らしいものばかり。訪れたときの朝食はダンスクに盛りつけられたオムレツでうれしかった。部屋付きの露天風呂では緑を愛でながら。今は食事も露天風呂も一新したらしい。

DATA

☎ 0977-84-3166
住 大分県由布市湯布院町川上2633-1

湯富里の宿 一壺天
（ゆとり やど いっこてん）

湯布院の中心地から少し離れた、由布岳を望む場所にゆったりと佇む一壺天。自然に溶け込むように手入れした広い庭に点在する離れの客室。普段ばたばたと忙しくしているので、ゆったりと時間が流れているこの静かな空間がとてもうれしい。由布岳を眺めながらのんびりお湯に浸かったり、談話室でコーヒーを片手に読書したり、地元の素材をふんだんに使った季節感あふれる料理を楽しんでいるうち、気が付けば疲れは溶けてなくなり元気になっている。夜も更ければバーでカクテルも。またスタッフの方々の温かなサービスも居心地のよさを確かなものにしてくれている。

雄大な由布岳を望む露天風呂が最高。何度も入りたくなってしまう。朝食は地元の素材をふんだんに使った地産地消。ごはんのお代わりの手がとまらない。

DATA

☎ 0977-28-8815
住 大分県由布市湯布院町川上302-7

由布院うどん 田舎庵
_{ゆ ふ いん} _{いな か あん}

タモリさんがうどんは飲み物だというのを聞いてぜひ食べてみたいと思っていた九州うどん。お願いして連れてきてもらったのが湯布院ローカル御用達の田舎庵。おすすめのごぼ天うどんはなめらかで喉ごしのいい自家製麺とカリカリの食感が美味しいごぼう天とのコントラストが秀逸。出汁のきいたつゆも飲み干したくなるほど。

DATA

☎ 0977-84-3266 　住 大分県由布市湯布院町川上1071-3
営 11:00〜15:00 　休 木曜

三隈飯店
_{み くま はん てん}

小鹿田の窯元を訪れた帰りに立ち寄って食べたいのが日田名物の焼きそば。さまざまなお店があるなか、地元でいちばん人気なのが常に行列が絶えない三隈飯店。カリッと香ばしく焼き上げたパリパリの太麺にしゃきしゃきのもやしがたっぷり。ソースの濃厚な香りもたまらない。合いの手に添えられたトンコツスープもさっぱりいい感じ。

DATA

☎ 0973-22-7261 　住 大分県日田市隈1-5-21
営 11:00〜20:00 　休 水曜

CHAPTER **12**

TITLE

手土産

元来食いしん坊のせいか、美味しいものを見つけたらひとり占めせずにまわりの人にも共有してもらいたくなってしまう。お世話になっている方への季節のご挨拶、仕事先への差し入れ、親しい友人への手土産など、贈る相手の顔を思い浮かべながらあれやこれやと選ぶのも楽しいひととき。差し上げたものを、「気に入ってリピートしている」などと言われたりすると本当にうれしくなってしまう。

LIST

和の手土産 ······ P.154　　大人数の手土産 ······ P.206
洋・中華の手土産 ······ P.176　　お取り寄せ ······ P.222

和の手土産

01 涼しげでインパクトも満点
麻布昇月堂の
一枚流し麻布あんみつ羊かん

箱を開けた途端、思わず「可愛い！」と歓声が上がること間違いなしの一品。一枚流しという名前の通り、箱に一面に流し固められた丹波産小豆を使ったつぶしあんの羊羹に寒天や紅白の求肥、大粒の栗などのあんみつの具が色鮮やかにちりばめられたビジュアルにまず目を奪われる。元々は暑い夏向けだったそうだが、今では1年を通して食べられる。つるんとした寒天、もちもちした求肥やほっこりとした栗などさまざまな食感が楽しめるのも魅力。冷蔵庫でひんやり冷やして、お好きな分だけ切り分けてどうぞ。

DATA

¥ 1,000円＋税　☎ 03-3407-0040　住 東京都港区西麻布4-22-12
営 10:00〜18:00　休 日曜・祝日　MAP P.238

02 みずみずしい抹茶の風味
京はやしやの抹茶葛ねり
（きょう）（くず）

抹茶を使ったスイーツでお馴染みの京はやしや。お店の近くに行ったら必ず買って帰るのが笹の葉で包まれた緑鮮やかな抹茶の葛ねり。笹の葉を開くと現れるのがぷるんとやわらかなグリーンのババロア状の葛ねり。一番茶のみずみずしい若葉だけを摘み取っているというだけにその香りはなんとも爽やかで、渋味と旨みのバランスが絶妙。ねっとりと舌にとろける葛の舌触りも心地よい。上品な甘さの和三盆とまろやかなコクをプラスする生クリームによって小さな子供でもぺろっと食べられてしまう。事前に予約すれば竹籠入りにしてくれるので、さらに風情たっぷり。

DATA
- ¥ 362円＋税　☎ 03-5475-8356
- 住 アトレ恵比寿店／東京都渋谷区恵比寿南1-5-5 アトレ恵比寿3F
- 営 10:00〜21:30　休 不定休（アトレ恵比寿に準ずる）　MAP P.240

和の手土産

03 さっぱりした甘さがうれしい
船橋屋こよみのくず餅プリン

広尾商店街のなかほどにあるこよみは、くず餅で知られる船橋屋さんが営む和スイーツのお店。定番のくず餅も通常サイズに加えて、ひとり分ずつパックされたものもあるので小分けする手間がなく、少人数で食べるときにもうれしい。名物のくず餅の原材料である450日乳酸発酵させた小麦のでんぷん質を使ったくず餅プリンも手土産におすすめ。まずは何もかけずにひとくち。意外なほどさっぱりとした甘さでとろけるようなやわらかさにうっとり。香ばしいきなこ濃厚な黒蜜をかければ一段と風味豊かに。発酵食品だから身体にも優しくヘルシー。

DATA

¥ 370円＋税　☎ 03-5449-2784　住 広尾本店／東京都渋谷区広尾5-17-1
営 11:00〜20:00／イートイン11:30〜18:00(L.O.17:00)
休 なし　MAP P.240

04 三位一体のハーモニー
紀の善の抹茶ババロア

紀の善は神楽坂で60年以上続いている老舗の甘味処。こちらの看板メニューが四角にカットされた緑鮮やかな抹茶のババロアだ。抹茶の風味を活かした甘さ控えめのババロアは濃厚で抹茶の苦味がしっかりと感じられる大人の味わい。まずはひとくち何も付けずに抹茶の風味をシンプルに味わってから、ふたくちめは一緒に添えられたゆるめに泡立てられた生クリームとほどよい甘さの粒あんを絡めて。苦味の強い抹茶ババロアにミルキーな生クリームと小豆の甘さがえもいわれぬハーモニーを醸し出す。お土産にはパック入りになったものを。抹茶好きが泣いて喜ぶはず。

DATA

- ¥ 610円＋税
- ☎ 03-3269-2920
- 住 東京都新宿区神楽坂1-12
- 営 11:00～20:00(L.O.19:30)／日曜・祝日12:00～18:00(L.O.17:00)
- 休 月曜(祝日の場合は月曜営業、火曜休み)　MAP P.248

和の手土産

05 上品なお汁粉をいつでも
とらやの和三盆糖入
お汁粉 小倉汁粉

我が家にいつも常備しているこのレトルトパウチのお汁粉。小さな可愛いお餅付きで、ひとつずつパックされていて、ちょっと甘いものが食べたいときにすぐに本格的なお汁粉が食べられる。和三盆糖の上品な甘さとふっくら炊き上げた小豆の組み合わせはさすがとらや。冬場は熱々に温めて焼いた餅を追加して、夏場は冷蔵庫に入れておいてひんやり冷やしてから白玉を添えて食べるのが我が家流。自分で食べるのはもちろん、パッケージが可愛いので海外に住んでいる甘いもの好きへのお土産にしても喜ばれる。

DATA

¥ 1食170g 580円＋税　※夏季は夏パッケージ、麩焼き付に変更。
☎ 03-5413-3541　住 東京ミッドタウン店／東京都港区赤坂9-7-4 D-B117 東京ミッドタウン ガレリアB1　営 11:00～21:00　休 元日　MAP P.236

06 こっくり香ばしい
御菓子所ちもとの八雲もち
<small>おかしどころ</small> <small>やぐも</small>

日本茶にはもちろん、紅茶にもコーヒーにも合うのがちもとの八雲もち。ひとつずつ包まれた竹皮を開くと、薄茶色のぷるんとやわらかな求肥もちが現れる。この求肥には卵白を泡立てて寒天で固めた泡雪を混ぜてあるので口に入れた途端に溶けてしまうほどやわらかいのが特徴だ。このふにゃっとやわらかな生地に黒砂糖のコクのある甘さとカシューナッツの香ばしさがよく合って、ほっこり寛ぎたいティータイムにぴったり。以前はふらっと立ち寄って気軽に買うことができたけれど、最近は予約していないと買えないことも。事前に予約したほうが安心だ。

DATA
¥ 8個(竹籠入り)1,690円＋税　☎ 03-3718-4643
住 東京都目黒区八雲1-4-6　営 10:00〜18:00　休 木曜　MAP P.246

07 あんこ好きのハートをひとり占め
空也の空也もなか

改めて紹介するほどのこともない手土産の王道といえるのが銀座並木通りのなかほどにある空也のもなか。通販や発送は一切していないのでお店に行かなければ買うことができないだけでなく、現在は予約しておかないと手に入れることはできない。確実に手に入れるなら予約に1週間は余裕をみておきたい。ひょうたんをかたどった小ぶりのもなかには空也の刻印入り。ちょっぴり焦がしめに仕上げた皮はぱりっと香ばしく、なかにはねっとりと濃厚なあんこがぎっしり。あんこ好きなら誰でも泣いて喜ぶ逸品だ。なかなか買えない希少価値の一品、必ず喜んでもらえるはず。

DATA

- ¥ 10個入り1,000円＋税
- ☎ 03-3571-3304
- 住 東京都中央区銀座6-7-19
- 営 10:00～17:00／土曜10:00～16:00
- 休 日曜・祝日
- MAP P.244

JAPANESE GIFT

08 どこか懐かしい素朴な味わい
松島屋のきび大福

塩豆入りの豆大福や季節限定の栗むし羊羹など、高輪の名店、松島屋さんの名物はいろいろあるけれど、この店のきび大福はちょっと他では味わえない美味しさだと思っている。ぷちぷちとした食感が楽しいきび餅とふっくらと炊き上げた小豆の風味が残ったこの店独特の粒あんとのバランスが絶妙で、いつ食べてもその取り合わせに感動してしまう。素朴でありながらどこか洗練された味わいを伝えたくて、手土産には名物の豆大福と一緒に必ずこのきび大福を入れてもらっている。ちなみに注文の度に焼いて甘辛ダレをたっぷり絡めてくれるみたらし団子も絶品。

DATA

¥ 167円＋税　☎ 03-3441-0539　住 東京都港区高輪1-5-25
営 9:30〜18:00　休 日曜・月2回月曜(不定休)　MAP P.238

和の手土産

09 甘さと酸味のバランスが絶妙
果匠 正庵のあんず大福
か しょう しょうあん

フルーツと大福の相性のよさはいちご大福の大人気ぶりで誰もが知るところだけれど、いちごよりももしかしたらあんこに合うのはあんずではないかと、このあんず大福を食べる度に思うようになった。ちょうどふたくちサイズの小ぶりの大福から透けて見えるあんず色がキュート。ひとくちかじるとあんこの甘さとともにきゅんと酸っぱいあんずの風味が口いっぱいに広がる。軽く干したあんずを使っているのか、ねっとりとした食感も大福のもちもち感に合うし、水気がないからすぐ食べなくても美味しさをキープできるのもうれしい。他に黒ごま大福や麩まんじゅうもおすすめ。

DATA

¥ 200円＋税　☎ 03-3441-1822
住 東京都渋谷区広尾1-9-20 TM広尾1F
営 10:00～19:00／日曜・祝日10:00～17:00　休 三が日　MAP P.240

10 焼きめが香ばしい
竹隆庵岡埜のこごめ大福
ちくりゅうあんおかの

隅田川沿いにあるスタジオで撮影があったときに帰り道に寄っていそいそと購入するのがこのこごめ大福。風情のある竹籠に入った持ち重りのする大ぶりの大福は香ばしい焼きめがなんとも美味しそう。通常の白餅とよもぎ入りの草餅の2種類あり、ひとつ食べれば大満足できる大ぶりサイズなので、いつもどちらから食べようかと真剣に迷ってしまう。ひとくちかぶりつけば、甘さもほどよい粒あんとしっかりもちもち感のあるお餅とのバランスが絶妙。ちょっぴり硬くなった翌日にはオーブントースターで香ばしく焼いてあんこがとろりととろけた熱々をいただくのも楽しみ。

DATA
- ¥ 草餅・白餅 各230円＋税　☎ 03-3873-4617
- 住 本店／東京都台東区根岸4-7-2
- 営 8:00～18:00/日曜・祝日8:00～17:30　休 水曜　MAP P.248

和の手土産

11 可愛いひとくちサイズ
紅谷のミニどら、豆大福
<small>べにや</small>

大正時代に創業した老舗の和菓子店。青山通りに面した1階から同じビルの最上階に移転しても変わらず、手作りにこだわった上品な味わいの和菓子を提供し続けている。差し入れ用にいつも注文するのが、ほんのひとくちで食べられるサイズの可愛いミニどらと豆大福。ふっくらと炊き上げた粒あんがたっぷりでミニサイズでもしっかり食べごたえがある。春先にはお雛様や桜、夏には風鈴、秋にはお月見うさぎ、冬には雪の結晶など季節の風物詩の焼き印も楽しい。包みを開けるとまずその可愛さに歓声が上がり、あちらこちらから手がのびてあっという間に売り切れてしまう。

DATA

- ¥ 各170円＋税　☎ 03-3401-3246
- 住 東京都港区南青山3-12-12 紅谷ビル9F
- 営 11:00〜15:00　休 日曜・月曜・火曜　MAP P.236

12 しっとり美味しい
すずめやのどらやき

下町情緒漂う南池袋の風情のある日本家屋で営む和菓子店、すずめやさん。以前いただいたときに、あまりの美味しさにすぐさまリピートして以来、時々食べたくなるのがこちらのどらやきだ。低反発枕のようなしっとりとやわらかな生地に、やわらかめに仕上げた粒あんがたっぷりはさんである。横から見るとまるでこげ茶色のUFOのようにぷっくりと膨らんだフォルムが愛らしい。小豆の風味を活かした粒あんは甘さ控えめなので飽きずにたっぷり食べられるのがうれしい。売り切れてしまうこともあるので、予約してから出かけるのが安心だ。

DATA

- ¥ 167円＋税 ☎ 03-5391-0196
- 住 東京都豊島区南池袋2-18-5   営 10:00〜17:00(完売次第終了)
- 休 日曜・祝日   MAP P.248

和の手土産

13 驚きのふっくら感
浅草雷門亀十のどら焼
（あさくさかみなりもんかめじゅう）

雷門のすぐ目の前、いつも行列が絶えないのが東京のどら焼き御三家のひとつともいわれている亀十。亀十らしさのひとつであるまだらに付けられた独特の焼きめのどら焼は手のひらほどもある大ぶりサイズ。手に持っただけでふんわり感が伝わってくる。生地はまるでパンケーキのように、しっとりふわふわとやわらかい。黒あんと白あんの2種類ある粒あんはほどよい甘さでふんわり生地と相性抜群だ。大ぶりサイズにそのままかぶりつくか半分に割ってお上品にいただくかはご自由に。どら焼の常識を裏切るふわふわ感をぜひ体験してほしい。

DATA

- ¥ 334円＋税　☎ 03-3841-2210
- 住 東京都台東区雷門2-18-11　営 10:00～19:00
- 休 不定休(月1回ほど)　MAP P.248

14 ほっこり秋の味を満喫
御菓子つちやの栗きんとん

毎年秋風が吹く頃になるともうそろそろかなと楽しみにしているのが栗の産地でも知られる岐阜、大垣の老舗の和菓子店つちやの栗きんとん。採れたばかりの新栗を蒸して、砂糖だけで仕上げた愛らしい茶巾絞りの栗きんとんは9月から11月までの季節限定。シーズン中、必ず数回は取り寄せている。しっとりと舌にとろけるようななめらかな食感とほどよい甘さが絶妙で、まさに栗そのものを味わっているよう。渋めにいれた日本茶はもちろん、紅茶やコーヒーにもよく合う。甘さを控えた生クリームを添えればマロンシャンテリー風にも楽しめるのがうれしい。

DATA

¥ 10個入り2,300円＋税　☎ 0120-78-5311

和の手土産

15 牛乳と一緒にいただきたい
福砂屋のフクサヤキューブ

「#カステラには牛乳」とInstagramのハッシュタグを付けるほどカステラと牛乳の組み合わせが好きだ。福砂屋さんの味が好きで、カステラを食べたくなると目黒川沿いにある工場兼お店に買いに行く。卵の風味が感じられるふんわりとしたカステラ部分と底の薄紙をはがしたところのザラメのじゃりっとした部分もたまらない美味しさ。フォークに刺して食べるより、手に持ってぱふっとかぶりつくのがカステラの醍醐味。昔ながらの長方形がカステラらしくて好きだが、手土産にするときはひとつずつ包装されていて食べやすいキューブ形もおすすめだ。

DATA

¥ 250円+税　☎ 03-5725-2939(本店095-821-2938)
住 目黒店／東京都目黒区青葉台1-26-7
(長崎本店／長崎県長崎市船大工町3-1)
営 9:00〜17:30／土日祝9:00〜17:00　休 なし　MAP P.246

16 焦げるほど焼いた醤油の香ばしさ

毘沙門せんべい 福屋の
勘三郎せんべい

神楽坂に住んでいる仲良しのマダムから送っていただいたのがこのお煎餅との出会い。包みを開けて驚いたのがその色の濃さ。焦げめがしっかり付いているというかほとんど焦げている。この煎餅こそが17代目の中村勘三郎丈が愛したという通称焦げ煎餅。説明書きに「焦げているのではありません」とわざわざ書いてあるのが面白い。しっかりと焼かれた醤油味はこれ以上焼いたら苦いという手前の絶妙な香ばしさ。ひとくちかじって江戸っ子ならではの小気味のよい味わいにすっかり病みつきになってしまった。

DATA

- ¥ 10枚入り1000円＋税　FAX 03-3269-3388
- 住 東京都新宿区神楽坂4-2
- 営 10:00～20:00／土曜10:00～18:00　休 日曜・祝日　MAP P.248

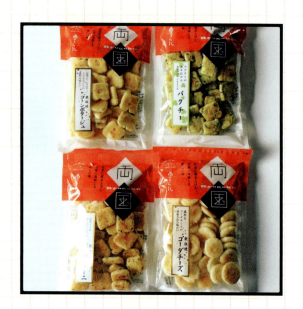

17 洋やエスニック風味のおかき
東あられ本舗の両国シリーズ
（あずま）（ほんぽ）（りょうごく）

海外に出かけるときに現地に住んでいる友人への手土産にしているのが東あられ本舗の両国シリーズのおかき。醤油や塩の和風味やもはや定番となったカレーやエビマヨ、トマトチーズに加えて、いつも選んでいるのが、コーンポタージュやゴーダチーズ、ペペロンチーニ、オニオンガーリック、パクチー（!）などの洋やエスニック風味のもの。どれも一枚食べると止まらない美味しさ。ちょっと変わり種のフレーバーは外国人にもスナックとして大人気のようで、ホームパーティーのときの食前酒と一緒に出したらゲストたちにも大好評だったと今ではリクエストされることも度々。

DATA

¥ 各330円＋税
☎ 03-3624-9733　住 両国本店／東京都墨田区亀沢2-15-10
営 9:00～19:00　休 三が日　MAP P.248

18 ひとくちサイズが可愛い
たぬき煎餅(せんべい)のチーズサンド たぬ吉(きち)

麻布十番商店街のなかほど、大きなたぬきの置物が迎えてくれるこのお店。お目当てはたぬきの絵が付いた小袋でひとつずつパックされたひとくちサイズの可愛いお煎餅。中身は口にとろけるチーズの海苔巻き、スパイシーなカレー、卵黄をたっぷり使ったまろやかなたまご、チーズと組み合わせたかつお、醤油と生姜で味を付けたかつお昆布などバラエティも豊か。お茶受けにするのはもちろん、お酒のあてにもぴったり。甘いものが苦手という人も多いので、初めてご挨拶に伺うお宅に差し上げている。ちょっぴり懐かしいブリキの缶に入っているのも気分が上がる。

DATA
¥ 46枚入2,000円＋税　☎ 03-3585-0501
住 東京都港区麻布十番1-9-13　営 9:00〜20:00／土曜・祝日9:00〜18:00
休 日曜・不定休　MAP P.238

和の手土産

19 目にも鮮やかな吹き寄せ
おいしい御進物逸品会の
おつまみ百撰 宴の華

ふたを開けると目に飛び込んでくる、蓮根、かぼちゃ、紫芋、オクラ、りんご、柿などの野菜とフルーツのチップスと10種類以上のおかきや煎餅、豆菓子を取り合わせた色鮮やかな吹き寄せはまさに手土産にぴったり。若い人には「わー！ 何これ？」と珍しがってもらえ、年配の方には「おお、懐かしい」と喜んでもらえる逸品だ。このお店のある柳橋は花柳界として栄えた場所。芸者さんが華やかに行き来する様子を表現したというこの吹き寄せは文人や粋人に愛された江戸ならではのおつな味わいが身上だ。

DATA

¥ 小缶3,000円＋税　☎ 03-3863-4661
住 東京都台東区柳橋1-13-3　営 10:00〜18:00　休 日曜・祝日　MAP P.248

20 和風アンチョビと呼びたい
漁村女性グループめばるの
佐伯(さいき)ごまだし

大分出身の友人から教えてもらったのが、佐伯の漁港の漁師のおかみさんたちが作っているごまだし。豊後水道(ぶんごすいどう)で揚がったアジやエソ、鯛などを焼いて身をほぐし、ごまと醤油、みりんで味付けしたペースト状の調味料だ。旨みが強いので、さっと湯がいたうどんにのせてお湯を注ぐだけで出汁のきいたとびきり美味しい一品に。ごはんに混ぜておにぎりにしてもいいし、温めた豆乳を注いだお茶漬けも絶品。アンチョビ感覚で使えるので、パスタの味付けにバーニャカウダのソースにと、ひと瓶あると重宝する。

DATA

- ¥ 3個セット(左からエソ、アジ、鯛 各1個)3,000円+税
- ☎ 090-4998-0451

21 万能調味料的存在
花錦戸のまつのはこんぶ
(はなにしきど)

このまつのはこんぶは我が家になくてはならない存在。松葉を思わせる細切りの塩昆布にはすっぽんの出汁がたっぷり。昆布とすっぽんのダブルの旨みで深い味わいに仕上がっている。炊きたてのごはんにちょっぴりのせるだけで白米の甘さが引き立ってえもいわれぬ美味しさに。もちろんお茶漬けにしてもおにぎりにしても間違いない。またごはんのお供としてだけではなく、調味料としても活躍してくれるのがまつのはこんぶのすごいところ。白菜やレタスや胡瓜と合わせてサラダに。炒め物の味付けに使えばワンランク上の味わいに仕上げてくれる。

DATA

¥ 75g 2,000円＋税　☎ 0120-70-4652

和の手土産

JAPANESE GIFT

22 驚くほど海苔がたっぷり
守半海苔店の特製海苔茶漬
（もりはんのりてん）

大森といえば江戸時代から海苔で有名な街。大森駅からほど近い商店街にある守半海苔店の隠れた人気者がこの海苔茶漬の素。即席のお茶漬の素だと甘く見ていると痛い目にあう（笑）。とにかく海苔の量がハンパないのだ。まず袋を開けて海苔を出そうとしてもなかなか出てこない。それほどの海苔の詰め込みっぷりなのだ。ごはんの上に出した海苔が山になり、最後に抹茶の粉末とぶぶあられが申し訳程度に出てくる始末（笑）。それほどの海苔の量なのにお湯を注げばさっとほどけるのは上質な証拠。わさびをちょっと添えるとより美味しく食べられる。海外へのお土産にも。

DATA

¥ 5食分入700円＋税　☎ 03-3761-4077　住 東京都大田区大森北1-29-3
営 10:00〜19:00／土曜・祝日10:00〜18:00(祝日は〜17:00)
休 日曜　MAP P.247
※在庫状況により、2週間〜1カ月お待ちいただく場合がございます。

23 極上のホームメイド
APOC(アポック)の焼き菓子とパンケーキミックス

パンケーキ専門店アポックには、女主人の大川雅子さんが焼くパンケーキをお目当てに時折足を運んでいる。薄めでふんわりやわらかく、レモンを搾ったホイップクリームとメープルシロップをかけて頬張るとあっという間に口の中で溶けてしまう極上のパンケーキを自宅でも簡単に作れるのが、お土産用のパンケーキミックス。お店と同じレシピで、パッケージもオシャレだから常備して配っている。エキゾチックでぴりっと辛いクレオール スパイス ミックスや手作りのクッキーなど手土産にしたいものの宝庫だ。

DATA

¥（左上から時計まわりに）パンケーキミックス（バターミルク）287g 908円＋税、クッキー各種 1袋 602円〜741円＋税、クレオール スパイス ミックス 65g 1204円＋税　住 東京都港区南青山5-16-3 2F
営 12:00〜18:00(LO.17:30)　休 火曜・第1、第3水曜・年末年始　MAP P.236

洋・中華の手土産

24 上質なバターがたっぷり
エシレ・メゾン デュブールの
サブレ・エシレ、ガレット・エシレ

まず鮮やかなブルーと白の缶は見るだけで気分が上がる。エシレとはA.O.P.認定のフランス産発酵バター。自然に恵まれたエシレ村で育った牛の乳を使い、昔ながらの製造法で作られたもので、なめらかな舌触りと爽やかな酸味と豊かな香りが特徴。丸の内の専門店ではクロワッサンやマドレーヌなどが人気だが、手土産におすすめなのがサブレ・エシレとガレット・エシレ。長方形のサブレ・エシレはサクサクとした食感の生地が後を引く。丸形のガレット・エシレはなめらかな食感が特徴で紅茶にこの上なく合う。

DATA

¥ 各2,700円+税　☎ 03-6269-9840
住 東京都千代田区丸の内2-6-1 丸の内ブリックスクエア1F
営 10:00〜20:00　休 不定休　MAP P.244

25 ミルキーで後を引く美味しさ
アニバーサリーのミルクラスク

差し入れでいただいたこのミルクラスク。デスクワークをしながら、なにげなく一枚つまんで口に入れたら、あまりの美味しさにびっくり。一枚、また一枚と止まらなくなってしまった。アニバーサリーのミルクラスクは一枚2ミリ程度、普通のラスクよりもかなり薄く仕上げてあり、見た目はとてもシンプル。カリッと香ばしく、練乳の優しい甘さが口いっぱいに広がる。ラスクというと甘ったるいものも多いが、甘さ抑えめなので小麦の風味と練乳のミルキーさを感じられるのが魅力。この美味しさを共感してもらいたくてせっせと普及活動にいそしんでいる(笑)。

DATA

- ¥ 155g 850円＋税　☎ 03-3797-7894
- 住 青山店／東京都港区南青山6-1-3コレッツィオーネ1F
- 営 11:00〜19:00　休 月曜・火曜(祝日の場合は営業)　MAP P.236

WESTERN &
CHINESE
GIFT

26 レアチーズケーキの名品
西洋菓子しろたえの
レアチーズケーキ

チーズケーキの名品といったら必ず名前が挙がるのがしろたえのレアチーズケーキ。余分な飾りの一切ない小ぶりの長方形がまず潔い。表面を覆う生クリームにピスタチオのグリーンがさりげないアクセントだ。ひとくち食べるとしっかりと酸味のある濃厚なチーズの味わいが口いっぱいに広がる。控えめな甘さなので甘いものが苦手な方にも気に入ってもらえる。大学生の頃から飽きずに食べ続けているものが今でも人気があるのもとてもうれしい。ちなみにシュークリームと一緒に詰め合わせるとより幸せ感満載に。

DATA

¥ 241円＋税　☎ 03-3586-9039　住 東京都港区赤坂4-1-4
営 10:30〜20:30(喫茶L.O.19:00)／祝日10:30〜19:30(喫茶L.O.19:00)
休 日曜
MAP P.236

洋・中華の手土産

27 シンプルさがうれしい
パティスリーモンシェールの
堂島(どうじま)ロール

個人的な話で申し訳ないが、うちの夫は堂島ロールが大好きなようだ。何かというと買って帰ってくる(笑)。という私も買ってきてもらうと笑顔になってしまう。卵の風味がする黄色くてふかふかのスポンジ生地でまっ白なクリームを巻き込んだシンプルなロールケーキ。甘さがしつこくないのでぺろりと食べられる。誰が食べても美味しいのでお年寄りやお子さんのいるご家庭への手土産にするのにぴったり。さりげなくて相手の負担にならないのもまた手土産のひとつの大切なポイントなのではないかと思う。

DATA

- ¥ 1本1,200円+税　☎ 0120-96-1006(店舗へのご連絡は03-3778-5111)
- 住 阪急百貨店大井食品館／東京都品川区大井1-50-5
- 営 10:00～20:00(金曜・土曜のみ～21:00)
- 休 不定休(阪急百貨店 大井食品館に準ずる)　MAP P.247

28 素朴さが魅力
MATSUNOSUKE N.Y.の
アップルパイ

毎年秋が深まる頃、足を運ぶのがこのお店。お目当ては甘酸っぱい紅玉をたっぷり使ったN.Y.仕込みのビッグ・アップルパイ。10月から3月までしか作らない限定品で、生の紅玉をそのままパイの皮に包んで焼き上げているのでりんごそのものの美味しさを堪能できる。持ち帰って少し温めてから、生クリームやバニラアイスクリームと一緒に食べるのが最高なのだ。その他にも写真のサワークリーム、カスタード、メープル、キャラメルなどバリエーションも豊富。数種類を取り合わせて楽しく迷うのがおすすめ。

DATA

¥ 各482〜565円＋税　☎ 03-5728-3868
住 東京・代官山店／東京都渋谷区猿楽町29-9ヒルサイドテラスD-11
営 9:00〜18:00／土日祝9:00〜19:00　休 月曜(祝日の場合は、翌日休み)
MAP P.240

洋・中華の手土産

29 ふわふわできたてが最高
harittsのドーナツ
<small>ハリッツ</small>

代々木上原の商店街のはずれ、小路を入ったところに古い民家を改造したお店がある。引き戸をがらりと開けてお店に入ると可愛いショーケース。定番のプレーンやカカオ含有65%のチョコの入ったスイート65に加えて、その日のおすすめのラインナップが並ぶ。数あるメニューなかでもあると必ず買うのが、クリームチーズとゴマあんこ。きなこや抹茶などの和のテイストもふんわりもっちりやわらかな生地に合う。作れる数が決まっているので、買える個数が限定されているけれど、それだけに手土産にしたときの喜びはひとしお。その日のうちに食べるのが鉄則。

DATA

¥ 各139円+税～　☎ 03-3466-0600　住 東京都渋谷区上原1-34-2
営 9:30～18:00／土日祝11:00～18:00　休 月曜・火曜　MAP P.242

30 インスタ映えする可愛らしさ
DUMBO Doughnuts and Coffeeのドーナツ
（ダンボ ドーナツ アンド コーヒー）

麻布十番の商店街のはずれにいきなり現れるN.Y.。ピンクとグレーの外観が目を引く。カラフルなグレーズドやドリンクカップにのせたドーナツなど、いわゆる「インスタ映え」するお店として知られているけれど、肝心のドーナツもとても美味しい。常時10種類はあるラインナップはどれも両手で持つのが似合うほどのボリューム。ホームメイドにこだわって店内で丹念にこねあげられた生地は揚げても油を吸う量が少ないので、表面はサクッと中はもちっとした食感が魅力。ひとつずつのパッケージもオシャレ。

DATA

¥ 各297円＋税〜　☎ 03-6435-0176　住 東京都港区麻布十番2-17-6
営 9:00〜19:00　休 なし　MAP P.238

洋・中華の手土産

31 パリっとまろやかなエッグタルト
NATA de Cristianoの
パステル・デ・ナタ

エッグタルトはポルトガルでよく食べられているという素朴なお菓子。ここのはすごく美味しいからと撮影の差し入れでいただいて初めて食べたのがこのエッグタルト専門店のもの。小ぶりの可愛いサイズで、名前はタルトだけど、このお店のものはクッキー生地ではなく香ばしいパイ皮を使っている。パリパリッとしたパイ生地にほどよい甘さの卵黄クリームのまろやかさが合う。軽い食感でいくつでも食べられてしまう美味しさ。おやつの時間にさりげなく出してあげたい。

DATA

¥ 200円+税 ☎ 03-6804-9723
住 東京都渋谷区富ヶ谷1-14-16-103　営 10:00〜19:30　休 なし
MAP P.242

32 昔ながらの美味しさ
東京フロインドリーブの
ミートパイ

ドイツパンを扱って約50年になる東京フロインドリーブ。サンドイッチにぴったりなライ麦パンやカリッと香ばしいカイザーなどの名品のなかでも手土産にぴったりなのが木の葉形が可愛いミートパイ。香ばしいパイ生地でゴロっとボリュームのある牛肉のミンチをはさんだもので小ぶりサイズでも食べごたえ満点。少し温めて噛みしめると肉汁がじゅわっとあふれる。昔ながらのレシピで作られたどこか懐かしい味わいは時々無性に食べたくなる味。親しみやすくて品のよいミックスクッキーも手土産にぴったり。

DATA

- ¥ 330円＋税
- ☎ 03-3473-2563
- 住 東京都渋谷区広尾5-1-23
- 営 9:00〜19:00／日曜・祝日9:00〜18:00
- 休 水曜・第4木曜
- MAP P.240

洋・中華の手土産

33 しっとり香ばしいスティッキータイプ
ラウンジ ORIGAMIの
メープルナッツブレッド
オリガミ

ザ・キャピトルホテル 東急のラウンジ ORIGAMIで手土産の名品として名高いのが素朴な味わいのバナナブレッド。しかしこのメープルナッツブレッドもそれに負けない美味しさ。スティッキーバンズと呼ばれるしっとり感のあるふんわりやわらかな生地にリボン状に溶けたメープルシュガーと香ばしいナッツをちりばめてある見た目も食欲をそそる一品。コーヒーに驚くほど合うので、打ち合わせの際のお持たせにしてその場で催促して自分も食べるという作戦で臨んでいる。自宅用にも買っているのは内緒（笑）。

DATA

¥ 852円＋税　☎ 03-3503-0872　住 東京都千代田区永田町2-10-3 ザ・キャピトルホテル 東急3F ラウンジ ORIGAMI
営 10:00〜22:00(L.O.21:30)　休 なし　MAP P.244

34 パッケージも可愛い
銀座千疋屋(せんびきや)のフルーツサンド

銀座に用事があると自然に足が向いてしまうのが銀座千疋屋。ショーケースをちらりとのぞいて、見覚えのある鮮やかな花柄のブルーのボックスを見つけると必ず買ってしまう。華やかなボックスのなかには四等されたフルーツサンドが二段に詰められている。切り口からはまっ白なクリームにはさまれたいちごにメロン、りんごにバナナやオレンジなどの色鮮やかなフルーツが顔をのぞかせる。やわらかな食パンと甘さ控えめの生クリーム、フルーツの酸味やしゃりしゃり、ねっとりなどさまざまな食感が楽しい。ちなみにマスタードがきいたハムサンドも侮れない美味しさ。

DATA

- ¥ 1,000円＋税　☎ 03-3572-0101
- 住 銀座本店フルーツパーラー／東京都中央区銀座5-5-1
- 営 11:00〜20:00(L.O.19:30)／日曜・祝日11:00〜19:00(L.O.18:30)
- 休 年末年始　MAP P.244

洋・中華の手土産

35 カラフルさが楽しい
エクレール・ド・リーブのエクレア

ミルクレープやシフォンケーキでおなじみのルエル・ドゥ・ドゥリエールが開いたエクレア専門店。細長いエクレアは手に持って食べやすいので実は手土産にぴったり。ピスタチオにフランボワーズ、クレーム・ド・ショコラにモンブラン…etc. 定番、季節の限定品を取り合わせた見た目もカラフルなエクレアがボックスのなかにずらりと並ぶ様子は眺めているだけで気分が上がる。カリッとした食感のシュー生地に食べごたえのあるクリームがたっぷり。お目当ての一本が誰かに取られないか牽制しあうのも楽しい。

DATA

¥ 各371〜417円＋税　☎ 044-433-0608
住 武蔵小杉店／
神奈川県川崎市中原区新丸子東3-1135-1グランツリー武蔵小杉1F
営 10:00〜21:00　休 なし　MAP P.249

36 チョコ嫌いをも魅了する
ピエール マルコリーニの ロシェ

実はチョコレートがあまり得意ではない。ミルク入りはいいけれど、カカオ多めのタイプはなんだか鼻血が出そうな気がしてしまう。そんな苦手意識を覆したのがピエール マルコリーニのロシェ。ローストしたクラッシュアーモンドをミルクチョコレートでコーティングしたもので、くちどけのいいチョコレートと香ばしいナッツのコントラストが絶妙。小分けして売っているので、近くまで行くと必ず寄って買ってしまう。ナッツが香ばしく、トリュフよりも気軽に食べられるさりげなさが手土産にぴったり。

DATA

- ¥ 80g 2,340円＋税
- ☎ 03-5537-0015
- 住 東京都中央区銀座5-5-8
- 営 11:00〜20:00／日曜・祝日11:00〜19:00
- 休 年末年始
- MAP P.244

37 大人のプリン
こぬれ広尾のプリン

イタリアンの老舗、飯倉のキャンティでパティシエを務めていらした加賀和子さんのお店。懐かしいプリンが買えるとお店に通うようになりもう10年以上になる。テイクアウト用のプリンはアルミホイルのケースに入れられ、カラメルソースと生クリーム、ラムレーズンが添えられてくるので、お持たせにしたときそのまま食べられるのがありがたい。プリンは甘さ控えめ、なめらかな舌触りでありながら、しっかりと硬めの仕上がり。苦めのカラメルと生クリームのまろやかさが相まってまさに大人のプリンと呼びたい一品。すぐに売り切れてしまうので、予約をしたほうが安心。

DATA

¥ 491円＋税　☎ 03-5475-6828　住 東京都渋谷区広尾1-10-6
営 11:00〜19:00　休 年末年始　MAP P.240

WESTERN & CHINESE GIFT

38 可愛い見た目に癒される
キャトルのうふプリン

差し入れや手土産に必要なのは美味しいのはもちろんのこと、見た目の可愛さや意外性も大切なことだと思う。このお店のうふプリンは「わー！　可愛い！」と歓声が上がること間違いなし。卵の殻に入ったプリンが本物の生卵の容器そっくりの紙製のケースに詰められている包装はインパクト満点。この見た目だけでもまさに「つかみはオッケー」。もちろん中身のプリンもとても美味しい。美味しい地卵で知られる奥久慈の養鶏農家が丹精込めて作った地卵を使ったこだわりで、なめらかな舌触りと濃厚な卵の味わいがしっかり感じられる納得の一品。

DATA

- ¥ 4個入り778円＋税　☎ 03-5431-3663
- 住 本店／東京都目黒区柿の木坂3-4-11　営 10:00〜20:00
- 休 なし　MAP P.246

39 ミルキーななめらか食感
GELATERIA MARGHERAの
ジェラート

ミラノの老舗ジェラート専門店の海外初出店がこの麻布十番のお店。近くに行ったときには立ち寄って、ジェラートタイムを楽しんでいる。このジェラートはふんわりとした舌触りとさっぱりとしたくちどけが魅力。色とりどりのフルーツに目を奪われながらも、必ず注文するのがピスタチオやヘーゼルナッツ、ミルクなどのイタリアらしいフレーバー。濃厚でありながらも後味はさっぱり。手土産にするときは小さなカップでいろいろな種類を取り合わせて。季節のフルーツとベーシックなフレーバーの両方を。

DATA

¥ ピッコロサイズ(1フレーバー)　各510円+税〜
☎ 03-5772-3283　住 麻布十番店／東京都港区麻布十番2-5-1 1F
営 11:30〜22:30　休 不定休　MAP P.238

洋・中華の手土産

40 見た目も鮮やかで楽しい
パレタスの
フローズンフルーツバー

アイスに棒が付いているだけでなぜ人はうれしくなってしまうのだろう。眺めているだけで気分が上がるパレタスのカラフルでキュートなフローズンフルーツバー。季節のフルーツや野菜を、果汁やジェラート、ヨーグルトに閉じ込めたアイスキャンディーはフルーツの断面がポップでなんとも可愛い。素材本来の味を大切にしているので甘過ぎず、爽やかであっという間に一本食べきってしまう。手土産にするときにはなるべく色のバリエーションを数多く注文して、包みを開けたときに歓声が上がるように。

DATA

¥ 各371円＋税〜　☎ 0120-610-809
住 東京ミッドタウン店／
東京都港区赤坂9-7-3東京ミッドタウンガレリアB1
営 11:00-21:00　休 不定休(東京ミッドタウンに準ずる)　MAP P.236

洋・中華の手土産

41 夏場のビタミン補給に
サン・フルーツのフレッシュゼリー

我が家が毎年お中元で贈っているのがサン・フルーツの柑橘系ゼリー。グレープフルーツ、オレンジ、レモンの3種類を丸ごと使ったゼリーはフルーツをそのまま食べるよりもみずみずしく、爽やかな味わい。果実丸ごとというルックスがまず可愛いし、夏場のビタミン補給にぴったり。お世話になっているレストランなどにはまかないのときに食べてもらえるように、スタッフ全員にたっぷり食べてもらえる数を贈る。暑い厨房でがんばっている若手のスタッフにも食べてもらいたいからだ。お店に手配に行った帰りにはもちろん、我が家にも買って帰っている。

DATA

¥ グレープフルーツ・オレンジ 各500円+税、レモン350円+税
☎ 03-5647-8388　住 サン・フルーツ 東京ミッドタウン店／
東京都港区赤坂9-7-4 D-B107 東京ミッドタウン ガレリアB1
営 11:00〜21:00　休 不定休(東京ミッドタウンに準ずる)　MAP P.236

42 安心安全な飲むヨーグルト
なかほら牧場の ドリンクヨーグルト

輸入主体のトウモロコシではなく草を食べさせ、1年を通して昼夜放牧で健康的に過ごしている「幸せな乳牛」のなかほら牧場。その生乳で作ったという飲むヨーグルトを初めていただいたときの驚きたるや。濃厚なのに後味はさっぱり。その美味しさは乳製品嫌いの友人もすっと飲めてしまったほどだ。プレーンは甘さを加えていない無糖タイプとアガベシロップでほんのり甘さを加えた加糖タイプの2種類。オーガニック栽培の山ぶどう入りや話題になった「奇跡のリンゴ」のジュース入りのものも。

DATA

¥ (左から)プレーン 130ml 300円+税、山のきぶどう 130ml 350円+税、加糖(アガベシロップ)130ml 300円+税、奇跡のリンゴ130ml 350円+税
☎ 03-5579-9224　住 銀座松屋店／東京都中央区銀座3-6-1 銀座松屋本店B1　営 10:00〜20:00　休 元旦　MAP P.244

洋・中華の手土産

43 ヘルシーなココナッツヨーグルト
ELLE caféのCOYO
エル　カフェ　　　コヨ

COYOとはココナッツミルクを植物性乳酸菌で発酵させて作るヨーグルトのこと。オシャレでヘルシーなメニューが揃うELLE caféで自社製造している。乳製品を取らない人やアレルギーのある人への手土産にするのに安心だし、実際とても喜ばれる。ヨーグルトはとても濃厚でなめらかな舌触りが特徴。ココナッツミルクの香りと爽やかな酸味とのバランスが絶妙だ。手土産にするならシンプルなプレーンを。無糖なので季節のフルーツやハチミツ、メープルシロップを添えて。個人的にはバナナやパイナップルをココナッツオイルでソテーしたものを添えるのが気に入っている。

DATA

¥ プレーン400g 1,200円＋税　**☎** 03-6451-1997
住 東京都渋谷区神宮前5-51-8 1F・2F
営 9:00～21:00／土日祝8:00～21:00　**休** なし　**MAP** P.242

44 いろいろ応用できるのが魅力
HAPPY NUTS DAYの
ピーナッツバター

ロケ先で見つけてリピートしているのがこのピーナッツバター。千葉県産のピーナッツに北海道のてんさい糖と九十九里の塩だけで作ったシンプルさが気に入って思わず購入。香ばしいピーナッツの風味とてんさい糖の優しい甘さに一点きかせた塩味がアクセントになっていて食べ飽きない。生のままの食パンに塗って食べるのももちろん美味しいけれど、トーストに塗って、バナナをはさんだエルビスサンドは危険だけどクセになる味。ごま和えならぬピーナッツバター和えや担々麺にも使えて一本あると重宝する。

DATA

¥ 粒あり、粒なし(S／110g) 各1200円＋税
☎ 03-6869-9811

洋・中華の手土産

45 とろりとフレッシュ
SHIBUYA CHEESE STANDの東京ブッラータ

フレッシュでとろりとミルキーなブッラータチーズ。レストランで初めて食べたとき、あまりの美味しさにびっくり。買えるところはないか探した結果、国産で作っているというこのお店を発見。フレッシュさが命のモッツァレラチーズより、さらに新鮮さが求められるブッラータチーズ。作ってすぐに店頭に並ぶこのお店なら安心だ。できたてのブッラータは水に浮いた状態でひとつずつパックされており、別売りの保冷バッグで大切に持ち帰る。トマトやいちご、桃などと組み合わせればとびきりのカプレーゼが完成する。

DATA

- ¥ 1個(約150g)1,000円+税 ☎ 03-6407-9806
- 住 東京都渋谷区神山町5-8 1F
- 営 11:30～23:00(L.O.22:00)／日曜11:30～20:00
- 休 月曜(祝日の場合は、翌平日休み)・年末年始 MAP P.242

46 ワイン好きのために
パーク ハイアット 東京 デリカテッセンのリエット

西新宿のパーク ハイアットは大好きなホテルのひとつ。ランチビュッフェを楽しんだ後に必ず寄るのがホテルメイドのデリをテイクアウトできるデリカテッセン。なかでも気に入っているのがサーモンやポーク、チキンのリエット。自宅用に購入するのと一緒にワイン好きの友人の分も。可愛い絵柄がさりげなく入ったココット型の陶器に濃厚なリエットが詰められ、冷蔵庫にあるとなんだかうれしい。ホームパーティーの手土産にすれば料理の邪魔にならず、さりげなく場つなぎになったりもしてくれる。

DATA

- ¥ (左から)ポークリエット、サーモンリエット 各2,223円+税
- ☎ 03-5323-3635
- 住 東京都新宿区西新宿3-7-1-2 パーク ハイアット 東京 1F
- 営 11:00～19:00 休 なし MAP P.248

洋・中華の手土産

47 黒コショウのきいた自家製
スーパーナニワヤの
ローストビーフ

A5やA4ランクの美味しい牛肉を扱っている麻布十番のスーパーナニワヤ。毎日午後3時を回る頃に精肉コーナーに並ぶのが自慢の牛肉を使った自家製ローストビーフ。赤味のもも肉やヒレ肉、肩ロースなどの自慢の塊肉を塩と黒コショウで味付けたもので、切ってみると肉汁を閉じ込めた赤味と濃厚なまわりのコントラストが美しい。上質の赤身肉はさっぱりとしていながら味わい深い。しっかり味が付いていているので、そのまま食べても美味しい。しばらく保存もきくのでホームパーティーの手土産にも。

DATA

¥ 100g 780〜1,380円程度＋税　**☎** 03-3451-6485
住 東京都港区麻布十番3-9-5　**営** 8:00〜22:00　**休** なし
MAP P.238

48 ワインがとまらない美味しさ
TABLE OGINOの
パテ・ド・カンパーニュ

荻野伸也シェフの作るガッツリ骨太な肉料理で予約の取れないレストランオギノ。パテやソーセージなど前菜に出るシャルキュトリーは名物のひとつ。レストランの味を自宅でも楽しめるように始めたテーブル・オギノではお店と同じ味わいのシャルキュトリーが購入できる。なかでも看板メニューのパテ・ド・カンパーニュが最高。豚肉と鶏レバーに赤ワインを合わせた濃厚な味わいは自宅では絶対に作れないプロならではの一品。ワイン好き、美味しいもの好きな人への手土産にすれば泣いて喜ばれる。

DATA

¥ (写真左)100g 590円＋税　☎ 03-3477-4443
住 東京都渋谷区渋谷2-24-1 東急百貨店渋谷駅・東横店TOKYU Food Show内
営 10:00～21:00　休 なし　MAP P.242

洋・中華の手土産

49 ほんのりレアな牛ヒレ肉がジューシー
新世界グリル梵の
ビーフヘレカツサンド

大阪ではカツといえばポークではなくビーフだそう。新世界グリル梵は大阪に本店を持つビーフヘレカツサンド専門店。歌舞伎座に近いことから、ビーフヘレカツは観劇のお供としても愛されている。表面を軽くトーストしたパンでなかをほんのりレアに揚げた牛ヒレ肉をはさんだシンプルな仕上がり。衣がカラッとしているのに中身の牛肉はしっとりジューシー。特製のソースがまたバランスがいい。ちょっと小腹が空いた頃にこのサンドイッチを差し入れてもらったら、その人を好きになってしまうに違いない。

DATA
- ¥ ハーフ 1,000円＋税　☎ 03-5565-3386
- 住 銀座店／東京都中央区銀座7-14-1
- 営 11:00～21:00／土曜11:00～17:00　休 日曜・祝日　MAP P.244

50 浅草の本格派
正華飯店 浅草直売所の肉まん
せいかはんてん　ちょくばいじょ

浅草の寿司屋通りのなかほどにもう30年来通っているお店があるのだが、そのお店に行った帰りにすぐそばにあるこのお店で肉まんをお土産に買って帰るのを楽しみにしている。ここの肉まんは巷によくあるイースト菌発酵ではなく、老麺という天然酵母に生地を継ぎ足して使った本格的なもの。蒸し上がったばかりの肉まんの皮はもちもちとした独特の食感があり、なかの生地がほんのり甘くて美味しい。もちろん肉あんも肉汁をたっぷり中に閉じ込めた昔ながらの味を守っている。下町らしさがうれしい。

DATA

¥ 260円＋税　☎ 03-3889-8584
住 東京都台東区浅草1-8-4末広ビル1F
営 11:00〜18:00　休 月曜（祝日の場合は、翌日休み）　MAP P.248

洋・中華の手土産

51 赤い色が懐かしい
金陵(きんりょう)のチャーシュー

子供の頃、数年横浜に住んでいたことがある。月に一度ほど家族揃って中華街で食事するのを楽しみにしていた。帰りにはいつも金陵に寄ってチャーシューをお土産に買って帰るのが習慣だった。店先にチャーシューやダックがぶら下がっている様子が面白くて飽きずに眺めていたのを今でも覚えている。現在は関帝廟(かんていびょう)通りに場所を移して営業している金陵は広東式の焼き物や煮物を計り売りしているお店。炭火焼窯で焼き上げられる自家製のチャーシューはまわりが赤い本格派。ジューシーな甘辛味はそのまま食べるのはもちろん、刻んだねぎと和えてラーメンにのせても最高に美味しい。

DATA

- ¥ 100g 560円+税
- ☎ 045-681-2967
- 住 神奈川県横浜市中区山下町131-5
- 営 11:30〜19:30（売り切れ次第終了）
- 休 月曜（祝日の場合は、翌日休み）
- MAP P.249

52 池波正太郎氏も愛したシウマイ
清風楼のシウマイ
せいふうろう

金陵でチャーシューを買ったら、すぐ近くにある清風楼に寄ってシウマイも買う。ここは池波正太郎氏も愛したという中華街の老舗だ。炒飯とシウマイが名物のお店でシウマイは懐かしい経木の箱に入っていて、手土産にぴったり。ふたを開けてみるとなかには縦に長い独特のフォルムのシウマイがぎっしり。蒸し器で熱々にふかし、からしをといた醤油で食べるのがおすすめ。肉感のあるしっかりとした食感に干し貝柱の出汁がきいていて、そのままでもとても美味しい。デパートなどに支店がなく、ここに行かないと買えないというのもいい。

DATA

¥30個入り 4,200円（税込み）　☎045-681-2901　住 神奈川県横浜市中区山下町190（横浜中華街・関帝廟通り）　営 11:45〜14:30(L.O.14:00)／17:00〜20:30(L.O.20:00)　日曜・祝日12:00〜20:30(L.O.20:00)　休 木曜（祝日の場合は、前日または翌日休み）　MAP P.249

53 可愛い魚形に盛り上がる
シェ・リュイのパン・ド・セーグル

ホームパーティーや人が集まったときの手土産にしているのが、代官山シェ・リュイのパーティー用サンドイッチ、パン・ド・セーグル。大きな魚形に焼いたライ麦パンのケースを開けると、なかにはひとくちサイズのサンドイッチが二段にわたってぎっしりと詰められている。中身のサンドイッチはハム、サーモン、カマンベール、マッシュルームの4種類。シンプルでベーシックな味わいは誰が食べても美味しく、飽きがこない。小ぶりなのでひとつ、またひとつと手がのびること間違いなし。サイズは3～4名用からオーダー可能で、4日前までには予約したい。

DATA

¥ 魚型6号 4,800円+税 ☎ 03-3476-3853
住 代官山店／東京都渋谷区猿楽町23-2 営 9:00～22:00
休 1月1日 MAP P.240

大人数の手土産

54 ふんわりしっとり大満足
銀座 梅林のヒレカツサンド

銀座でランチというときに足が向くのがとんかつの名店梅林。豚珍(とんちん)美人のキャッチフレーズのもと、清潔に磨き上げられたカウンターで卵がとろけるスペシャルカツ丼を頬張るのは至福の時間。お店で食べるのと同じくらい幸せな気持ちになるのがお土産に作ってもらうカツサンド。サクッとジューシーなヒレカツを特製ソースにくぐらせてふんわりやわらかな食パンではさんだ自慢の一品。生のままの食パンのしっとりとしたやわらかさと香ばしいヒレカツの存在感とのバランスが絶妙だ。大きな箱に作ってもらってもあちこちから手がのびてあっという間に売り切れてしまう。

DATA

- ¥ 8切 1,593円＋税　☎ 03-3571-0350
- 住 東京都中央区銀座7-8-1　営 11:30〜21:00(L.O.20:45)
- 休 三が日　MAP P.244

大人数の手土産

55 端正で可愛いひとくちサイズ
赤トンボのサンドウィッチ

このお店の上品なサンドウィッチは食べやすくて端正な印象の包装が特徴だ。ひとくちサイズのサンドウィッチが四つで1セット。チャック式のビニール袋にきちんと正座して収まっているような感じだ。大人数なら紙製のボックスにきちんと詰められるので人数分より少し多めに注文して用意してもらう。メニューのラインナップは全部で12種類ほど。エッグサラダやミックスなどの定番に加えて、ぜひ食べてほしいのがカニのベシャメルサンド。ぷりっとしたカニにまろやかなベシャメルソースが絡んでリッチな味わいに。さすがレストランのサンドウィッチだ。

DATA

¥ ミックス(ローストビーフ・野菜・ハム・エッグ)1パック 450円＋税
☎ 03-3243-9901　住 本店／東京都中央区日本橋室町1-6-3
営 8:00〜16:00　休 1月1日　MAP P.244

56 ほっとする懐かしい味
チョウシ屋のハムカツサンド、コロッケサンド

路地裏にひっそりと佇むチョウシ屋は昭和2年創業、ハムカツとコロッケが有名な老舗のお惣菜店。単品でも買えるけれど、揚げたてのハムカツやコロッケをはさんだサンドイッチが最高に美味しい。サンドイッチは食パンかコッペパンが選べるが、私が好きなのはふんわりしっとりやわらかな食パン。ソースを薄く塗ってから揚げたての熱々をはさんだハムカツサンドは絶品でありながら、どこか懐かしい味わいが魅力。冷めても美味しいから大人数の差し入れにも喜ばれる。レトロな包装紙もまた郷愁をそそられる。

DATA

- ¥ 各278円＋税
- ☎ 03-3541-2982
- 住 東京都中央区銀座3-11-6
- 営 11:00〜14:00／16:00〜18:00
- 休 土曜〜月曜　MAP P.244

大人数の手土産

57 サクッとふわっとスパイシー
ビストロ喜楽亭の
自家製おいしいかれーパン

小腹の空く遅めの午後、ビストロ喜楽亭の揚げたてかれーパンを差し入れたら大変喜ばれた。つぼ焼きかれーで知られる喜楽亭のもうひとつの名物が自家製おいしいかれーパン。揚げ物の香りが鼻腔をくすぐり食欲のスイッチが入ってしまう。かりっと香ばしい生地は揚げ物ならでは。ひとくちかじれば辛さよりもしっとり軽くて甘味がある。まん丸な普通、木の葉形の辛口の2種類。普通のほうは辛さよりも旨みが引きたつので子供にも安心して食べさせられる。具を少なめにしているのでしっとりパン生地に馴染む。

DATA

¥ 各250円＋税　☎ 03-3410-5289
住 東京都世田谷区池尻3-30-5ニュー池尻マンション1F
営 11:00〜26:00　休 不定休　MAP P.242

58 ふんわり優しい味に癒される
巴裡 小川軒の小川軒ロール

巴裡 小川軒といえば元祖レイズン・ウィッチが有名だけれど、私が愛してやまないのがシンプルなロールケーキ。ロケからスタジオへ、あともうひとがんばりしなければいけないとき、このお店のシンプルで優しい甘さのロールケーキが欲しくなる。目黒通りにあるお店に寄り、ショーウインドーを覗いて運よく残っていればシュークリームと詰め合わせてもらっていそいそとスタジオへ急ぐ。「小川軒のロールケーキ、買ってきたよ〜！」と箱を持ち上げると疲れ気味のスタッフたちが一気に元気になるのがおかしい。ぱくっと食べられるほどよい大きさも差し入れにぴったり。

DATA

- ¥ 1カット 300円＋税
- ☎ 03-3716-7161
- 住 東京都目黒区目黒本町2-6-14
- 営 9:30〜18:00　土曜9:30〜17:00
- 休 日曜・祝日(不定休)
- MAP P.246

大人数の手土産

59 鮮やかな紫の揚げドーナツ
KAMEHAMEHA BAKERYの
ポイ・グレーズド

カメハメハ / ベーカリー

ハワイの素朴な揚げドーナツ、マラサダ。ホノルルで大人気のカメハメハベーカリーの紫のマラサダ、ポイ・グレーズドを食べられるのがこのお店。元々あった原宿から横浜に移転した。げんこつみたいにゴツゴツっとしたこげ茶色の塊で一見すると硬そうだが、砂糖衣(グレーズド)のかかった表面をひとくちかじると、意外や意外、ふんわりしっとりやわらかい。鮮やかな紫色の断面とこげ茶色の外見とのギャップに、初めて食べた人は必ず驚くのが楽しい。コーヒーと一緒にほっとブレイクするのにぴったり。

DATA

¥ 186円＋税　☎ 045-226-3040
住 神奈川県横浜市中区新港1-3-1 MARINE＆WALK YOKOHAMA E-2F
営 11:00〜23:00(L.O.22:30)
休 不定休(MARINE＆WALK YOKOHAMAに準ずる)　MAP P.249

60 およげ！たいやきくん
浪花家総本店のたいやき

昭和を代表する伝説的ヒットソング「およげ！たいやきくん」のモデルになったのが麻布十番にあるこのお店の先代のご主人。間口が狭い縦長のお店の入り口からずらりと並んだたいやきの焼き器はいつでもフル稼働。ぴんとヒレを立てた元気なたいやきくんたちが次々と焼き上がっていくのを眺めるのはなんとも楽しい時間。焼き上がったばかりのたいやきはなかのあんこが透けて見えるほどの薄皮がカリカリと香ばしく、熱々を頬張ればほどよい甘さのあんこがとろっととろけだす。焼き上がりの時間を逆算して電話で注文しておけば、待たずに入手できる。

DATA

¥ 167円＋税　☎ 03-3583-4975
住 東京都港区麻布十番1-8-14　営 11:00～19:00
休 火曜・第3水曜　MAP P.238

大人数の手土産

61 焼きたての香ばしさは格別
ひいらぎのたいやき

恵比寿の駅から少し離れた場所にあるにもかかわらず、いつも行列の絶えない人気のたいやき屋さん。じっくりと30分かけて焼くというこのお店のたいやきは皮がカリカリと香ばしく、なかはしっとりなのが特徴。あんこは甘過ぎず、小豆の味わいが感じられる好みのタイプ。焼き上げるのに時間がかかるので多めに買う場合には必ず予約をしておく。せっかくお店に来たなら試してほしいのがカップに盛ったソフトクリームにたいやきを大胆に組み合わせた夏季限定のたいやきソフト。お店だけで食べられる熱々(あつひや)を楽しめるのは買い出しにきたものだけの特権（笑）。

DATA

¥ 139円＋税 ☎ 03-3473-7050
住 東京都渋谷区恵比寿1-4-1恵比寿アーバンハウス1F
営 11:00〜20:00(完売次第終了) 休 月曜・年末年始 MAP P.240

62 誰が食べても美味しい
ラ・プレシューズの
プチフロマージュ

もう10年以上も前から大人数への差し入れといったら、この店の右に出るものはないと密かに思っているのがラ・プレシューズのプチフロマージュ。フランス直輸入のクリームチーズをたっぷり使ったひとくちサイズのチーズスフレケーキで、ふわっと軽やかな食感と濃厚なチーズのまろやかな風味が特徴。甘さもほどよく後味もしつこくないので、甘いものが苦手な人にも気に入ってもらえる。ひとつずつ包装されているので器やフォークがない場所でも食べやすく、まさにキングオブ差し入れと呼びたい一品だ。

DATA

- ¥ 6個入り 1,180円＋税　☎ 03-3356-6559
- 住 東京都新宿区四谷1-5-25 アトレ四谷1F　営 10:00〜21:00
- 休 不定休(アトレ四谷に準ずる)　MAP P.248

63 ゆかりと納豆の相性が抜群
おおひらのおにぎり

私の本業である雑誌作りの場面で、なくてはならないのがこのおおひらのおにぎり。撮影の際、おにぎりやパンなどを朝食として用意しておくのだが、いくつかあるお店のなかでいちばんだと思っているのがこのお店の納豆。おにぎりに納豆？ と想像できないかもしれないが、味付けしたひき割り納豆を具に、おにぎりのまわりには梅干しに使った赤シソを乾燥させたゆかりがまぶしてある。ゆかりの酸っぱさが納豆の味にメリハリを付けていて食べる度にそのバランスのよさに感心する。他にもたらマヨなど独特なメニューも。おかずの唐揚げと一緒に食べると美味しさが倍増。

DATA

- ¥ 各150〜200円＋税
- ☎ 03-3442-5654
- 住 東京都港区南麻布3-22-12
- 営 5:30〜15:00
- 休 第3、第5土曜・日曜・祝日
- MAP P.238

64 幸せの黄色い茶巾ずし
大阪鮓 四谷 八竹の折り詰め

母親が関西出身だからか、小さな頃から大阪寿司に馴染みがある。なかでも鮮やかな黄色の薄焼き玉子に三つ葉の緑が美しく映える茶巾ずしは小さい頃から親しんできた味。10センチはあろうかという大ぶりの茶巾ずし。ほんのり甘い薄焼き玉子のなかにはかんぴょう、椎茸、海老でできたおぼろ、酢蓮根、焼きあなごなどを混ぜ込んだ具だくさんの寿司飯。かりっと甘酸っぱい酢蓮根の歯触りがいいアクセントに。ひとつだけでもお茶碗一杯分はあるかというほど十分なボリューム。巻ずしや箱ずしと詰め合わせれば、色鮮やかで眺めているだけで幸せになる。

DATA
- ¥ 5〜6人用 8,028円＋税
- ☎ 03-3351-8989
- 住 東京都新宿区四谷3-11
- 営 9:00〜18:00
- 休 水曜
- MAP P.248

65 端正な切り口に萌える
すし萬の詰め合わせ

青山の紀ノ國屋スーパーのなかに入っている大阪寿司の名店がこのすし萬。肉厚の鯖を使った鯖ずしを始め、可愛いひとくちサイズの箱ずしや穴子の圧ずしなど種類も豊富。そんなお寿司を詰め合わせたものは見た目も可愛く、食べごたえのある差し入れになる。特に箱ずしは端正な切り口が美しく、眺めているだけで幸せになれる一品。カステラのようにふっくらと甘い卵焼きに色鮮やかな海老、塩で締めた鯛など贅沢感も満点。ちょっと気の張る現場に持って行けば場が和むこと間違いなし。

DATA

¥ 4,450円＋税　☎ 03-3409-1089
住 紀ノ国屋インターナショナル店／東京都港区北青山3-11-7 AoビルB1
営 9:30〜21:30　休 1月1日・1月2日　MAP P.236

大人数の手土産

66 ひとくちサイズの可愛いおいなりさん
呼きつねのいなり寿司

呼ぶきつねと書いて「こきつね」。その可愛い店名の通り、ひとくちで食べられる可愛いサイズのいなり寿司のテイクアウト専門店。楽屋への差し入れ用に簡単に食べられるようにと作ったいなり寿司が評判を呼び、くちこみで人気が広がった知る人ぞ知る名店だ。器にお行儀よく並んだおいなりさんは金胡麻やくるみの定番に加えて、明太子やかずのこなど季節ごとのトッピングも。お揚げは甘さ抑えめで美味しい出汁のきいた上品な味わい。ひとくちサイズなのでいくつでも食べられてしまう。事前に電話で予約をして取りに行くのが安心。

DATA

- ¥ 20個入り 2,315円+税
- ☎ 03-6434-9171
- 住 東京都港区六本木7-12-12 小林荘1F
- 営 10:30〜19:00
- 休 月曜(祝日の場合は営業、翌日休み)
- MAP P.236

大人数の手土産

67 こっくり甘辛味で食べごたえあり
おつな寿司のいなりずし

明治時代から続く老舗の寿司店、おつな寿司。ここの名物が裏返した油揚げでお馴染みのずっしりと持ち重りのするいなりずし。創業時代から継ぎ足しているという秘伝の汁はこっくり深みのある甘辛の江戸前風。油揚げを裏表にして酢飯を包んであるので、ふっくらとした食感が特徴で、酢飯には柚子の皮が混ぜ込まれている。ひとくち頬張ればじゅわっと甘辛い味と同時に爽やかな香りが広がる。しっかりと食べごたえがあるので、腹ペコが多い現場ではあっという間になくなってしまうほど大人気だ。

DATA

- ¥ 20個入り 2,454円＋税　☎ 03-3401-9953
- 住 東京都港区六本木7-14-4 レム六本木ビル1F
- 営 店頭販売10:00～21:00／土曜・祝日10:00～20:30／日曜10:00～13:00
- 休 なし　MAP P.236

68 和菓子のようなちまき寿司
赤坂有職(ゆうしょく)のちまき寿司

竹篭いっぱいに詰められた青々とした笹の葉に包まれたちまき寿司は眺めているだけで気分が上がってしまう一品。和菓子のようなルックスはまさに手土産にぴったり。手を汚さないでそのまま食べられるのもポイントが高い。笹の清涼感のある香りを楽しみながら包みを開くと、なかから現れるのが鯛、海老、鱒、鯵、玉子など色とりどりのネタを抱いた小ぶりのお寿司。どれを選ぼうかいつも真剣に迷ってしまう。なれ寿司のようなしっとりとした独特の食感はクセになる美味しさ。ホームパーティーのお持たせにしても必ず喜んでもらえるキラーチューンだ。

DATA

- ¥ 20本篭盛り 9,500円＋税　☎ 0120-292-186
- 住 本店／東京都港区赤坂2-2-21 永田町法曹ビルB1
- 営 9:00〜17:00／日曜・祝日9:00〜15:00　休 1月1日　MAP P.236

69 もぎたての味
谷口農場の有機栽培
トマトジュース ゆうきくん

息子が旭川の大学に進学して、入学祝いのお返しにゆかりのあるものをと探して見つけたのがこのトマトジュース。ゆうきくんという名前の通り、有機栽培で作られたトマトを使ったこのジュースはもぎたてのトマトをそのまま食べているようなフレッシュで濃厚な美味しさ。以前、谷口農場で開催しているトマトもぎとジュース作りにも参加したことがあるので、トマトたちがいかに大切に作られているかがよくわかる。そのまま冷やして飲むのはもちろん、ガスパッチョのベースやゼリーにして楽しんでいる。

DATA
¥ 700ml 800円＋税　☎ 0166-34-6699

お取り寄せ

70 果実そのまま香り高い
老松酒造のなしのお酒 梨園
<small>おいまつしゅぞう　　　　　　　　　　りえん</small>

湯布院にある宿、一壺天のバーで初めて口にしたときにそのみずみずしさ、フルーティな味わいにびっくりしたのが梨のリキュール、梨園。淡い黄色がまず美しく、グラスに注げばさらりとしている。リキュールと聞くと甘ったるいものが多いイメージだが、これはまるでジュースのようにフレッシュで香り高い。聞けば梨の名産地である大分県日田産の「豊水」と「新高」の果汁だけを贅沢に使っているそう。しかも瓶の包み紙は畑の梨の実を守るために被せられた袋と同じ素材を使うというこだわり。よく冷やしてそのままはもちろん、ソーダで割ってもとても美味しい。

DATA

¥ 500ml 1,143円＋税　☎ 0973-28-2116

71 飲み比べを楽しみたい
りんごワーク研究所の完熟アップルジュース

青森に住む叔父から送ってもらったのをきっかけに、我が家で常備しながらお歳暮としてもリピートしているのがりんごワーク研究所のアップルジュース。ちょっと変わったこの名前にまず美味しいものを作るぞという気概が感じられる。青森県板柳町で栽培された良質なりんごを使ったジュースは納得の美味しさ。ジョナゴールド、スターキング、ふじ、紅玉それぞれの持ち味を活かし、数種類をブレンドした無加糖ストレート果汁100％。ジュースでは珍しい紅玉ブレンドが爽やかな酸っぱさで気に入っている。

DATA

¥ (左から)「オリジナルテイスト」、「リフレッシュテイスト」、「スウィートテイスト」各720ml 1,000円＋税
☎ 0172-72-1500

お取り寄せ

72 ノンカフェインの優しいお茶
西森園のさぬきマルベリーティー
にしもりえん

さぬきの緑生い茂る険しい山間部にある天然桑畑で収穫する農家のおばさまたちを可愛く描いたパッケージが目を引くさぬきマルベリーティー。ノンカフェインで苦みのないまろやかな味わいは妊婦さんや小さな子供にも安心して飲んでもらえる。天日干しで作られる通常の桑の葉茶とは違い、茶葉を摘み取ったあと、蒸気にかけて揉んで乾燥させるという日本茶と同じ製法で作られるので、美しい深緑色で甘い香りのお茶に仕上がるのだそう。お湯でも水出しでもこのきれいなグリーンはそのまま。夏場には少量の水で揉みだしたものをソーダで割るのが涼しげで最高だ。

DATA

¥ (左から)桑茶レモンティーバッグ 600円+税、桑茶玄米ティーバッグ 500円+税、桑茶ティーバッグ 600円+税
☎ 087-851-4849

73 もう他の桃では満足できない
マルミツ農園の白桃

桃のシーズンが始まる6月終わりから、9月初めまでシーズン中、何度も取り寄せしているのがこのマルミツ農園の桃。ちよひめ、日川白鳳(ひかわはくほう)、夢しずく、白鳳、一宮白桃(いちのみや)、一宮水蜜(すいみつ)など、時期によってできる桃の種類が異なり、味や食感もそれぞれ違う。どの桃もそれぞれ個性があるので、いろいろ食べてみたくて、ストックがなくなるといそいそと注文している。届いた箱を開けると傷ひとつないほんのりピンクに染まった愛らしい姿が現れる。まずは果実そのままの美味しさを堪能したら、モッツァレラとカプレーゼにしたり、冷製パスタにしたりと味わいつくしている。

DATA

- ¥ 5〜6個(2kg)3,241円＋税
- ☎ 080-4374-4894

74 宝石のような大粒
朝日園(あさひえん)のぶどう

仲良しのヘアメークさんから教えてもらって以来、毎年楽しみに出かけているのが勝沼にある朝日園でのぶどう狩り。秋晴れの下、たわわに実った大きな房を収穫するのは最高に楽しいひととき。朝日園のぶどうはどれも見たことがないほど立派に育った大房が魅力。食べるとみずみずしく、ジューシーで濃厚な果汁が口いっぱいに広がる。シャインマスカットや巨峰、ピオーネだけでなく、一般的に市場には出回らない希少品種が手に入るうえ、値段もお店で買うよりお得なのもうれしいポイント。自宅に送るだけでなく、ぶどう好きな友人に贈れば喜んでもらえること間違いなし。

DATA

¥ 1kg 1,000〜1,900円＋税(別途送料がかかります。)
☎ 0553-44-2166(8月上旬〜10月下旬営業)
※注文時の旬の品種をお送りいたします。

75 おうちで本格火鍋
本格薬膳火鍋守破離の さぬき薬膳火鍋セット

高松の友人から送ってもらって以来、リピートしている守破離の薬膳火鍋。お店でしか食べられないと思っていた本格的な火鍋が自宅で食べられることにまずびっくり。そして火鍋に欠かせない陰陽に見立てた独特の仕切り鍋も取り寄せで頼めるのに二度びっくり。スープは唐辛子や花椒、八角などの香辛料たっぷりのピリ辛の麻辣(マーラー)と滋味あふれる白湯(バイタン)の2種類。そこに真空パックされた具の数々。黒豚と讃岐(さぬき)コーチン、イカ団子に野菜とはなびら茸や黒きくらげ、柳松茸(やなぎまつたけ)などのきのこも。あとはハフハフ食べるだけ。

DATA

¥ 1人前4,980円＋税　※鍋は別売りになります。
☎ 087-873-2158

お取り寄せ

76 濃厚な白濁スープがたまらない

はかた天神 とり祥の
特撰 国産若どり 水たきセット

とろーんと濃厚な白いスープにジューシーな鶏肉、味わい深い鶏だんご、美味しいスープをたっぷり含んだやわらかなキャベツ。寒くなると恋しくなるのが身体の芯から温まれる鶏の水たき。本場博多から送ってもらっているのが創業60年の鶏肉専門店であるとり祥の水たき。セットの内容は、若どりの骨付きもも肉につくね、特製の白濁スープ。ポン酢と柚子こしょうも追加でお願いできる。キャベツとニラ、長ねぎ、豆腐を用意して鍋でスープを温めたら具材を入れていくだけ。残ったスープで作る雑炊が絶品。

DATA

- ¥ 1,500円＋税　※ポン酢・柚子こしょうは各350円＋税。
- ☎ 092-781-1394

77 黄金色のつゆともちっと麺
今井のきつねうどん

讃岐、稲庭、水沢など美味しいうどんは日本各地にあるけれど、肌寒くなってくると食べたくなるのが、おうどんと"お"を付けて呼びたいつゆが美味しい関西のうどん。大阪道頓堀に本店のある今井のきつねうどんは出汁のきいた黄金色のつゆがちょっとやわらかめの麺によく絡むおすすめの一品。きつねに欠かせないお揚げは見るからにふわっとした仕上がりでくちのなかにほんのり甘いつゆがじゅわーっと広がる。青みは斜め切りにした九条ねぎ。これらの具材とうどんとつゆが箱のなかに一人前ずつパックされている。これに柚子をひとひら添えればほっこり癒される。

DATA

¥ 5人折 5,200円＋税　☎ 06-6575-0320

お取り寄せ

78 上品&濃厚なもつに夢中
陽はまたのぼるのもつ鍋セット

もつ鍋というと博多というイメージが強いけれど、陽はまたのぼるというちょっと変わった名前のこのお店は大分にある。本場博多で修業を積んだご主人が生まれ育った竹田に戻って開いたお店で、もつ鍋がまあ美味しい。それほどもつが好きではなかった私がすっかりファンになってしまったほど。やわらかく上質な脂が特徴の国産の牛もつは臭みとは一切無縁、ぷりぷりとした食感も楽しく味わい深い。スープは伝統の醤油味と塩とんこつの2種類があるが、私が好きなのは鶏と豚骨のWスープを使った塩とんこつ。どんなにお腹がいっぱいでも締めのちゃんぽん麺は必食。

DATA

¥ 塩とんこつもつ鍋 3〜4人前 3,980円+税
☎ 0974-62-2255

79 締めはパスタが絶品
和牛もつ鍋 博多 まつもとの さぬきもつ鍋 カルボ味

同じもつ鍋でもこちらはカルボナーラ風。頭のなかに？マークが浮かびながらもひとくち食べてみれば「めちゃくちゃ合う！」。濃厚でありながら後味はさっぱり。そういえばイタリア料理にはイタリア版のもつ、トリッパがあるではないか。にんにくを使わないクリーミーな白いスープにぷりっとした和牛のもつが驚くほど合う。マッシュルームやシメジなどきのこをたっぷり合わせるとより美味しく食べられる。締めは定番のちゃんぽん麺ではなく、太めのパスタを。パルミジャーノと黒コショウでより美味しくなる。

DATA
¥ 3人前6,600円＋税 ☎ 087-813-3303

お取り寄せ

80 ふっくらフレッシュ
紋四郎丸の釜揚げしらす

逗子や葉山でロケがあるといそいそと立ち寄ってお土産に買って帰るのが秋谷漁港近くにある紋四郎丸の釜揚げしらす。毎朝自前の船で出漁して獲ってくるというしらすはとにかく新鮮さが身上だ。絶対のおすすめは釜揚げしらす。獲れたてのぴちぴちを大釜で茹で上げた釜揚げしらすはそのふっくら感はもちろんのこと、ほどよい塩加減が絶妙。しょっぱ過ぎないのでそのまま炊きたてごはんと食べるのはもちろん、レタスと組み合わせてサラダにしたり、アヒージョやトーストにしてもとても美味しい。隠れた名品はたたみいわし。軽く炙れば日本酒の肴にぴったり。

DATA
- ¥ 大(294g)926円＋税、小(151g)463円＋税
- ☎ 046-856-8625　FAX 046-858-0930
- ※毎年1月1日〜3月10日は禁漁。

81 上品で愛らしいあんこ玉
二条駿河屋の松露
にじょうするがや しょうろ

こちらのご主人と実家の母が幼馴染みというご縁で折りに触れてお世話になっているのが京都、二条城からほど近い二条駿河屋さん。丁寧な手作業で作られるこだわりの和菓子はどれも宝石のような美しさ。なかでもご主人が独自に創作した松露は我が家にとって特別なもの。日本のトリュフともいわれる小さな球状のきのこ「松露」を模したという。白い砂糖衣に包まれた愛らしい粒あんの小玉はなかのあんがうっすら透けて見える上品さ。口にふくめばさっと溶けてしまう。箱を開ければ四季折々の色鮮やかな干菓子が添えられており、思わず感嘆の声を上げてしまうほど。

DATA

¥ 16個入り 1,780円＋税〜
☎ 075-231-4633

TITLE

地図 & INDEX

港区（赤坂・六本木）	P.236
港区（麻布・白金）	P.238
渋谷区（恵比寿・広尾）	P.240
渋谷区（神宮前・代々木）・世田谷区	P.242
中央区・千代田区	P.244
目黒区	P.246
品川区・大田区	P.247
新宿区・文京区・豊島区	P.248
台東区・墨田区	P.248
横浜市	P.249
川崎市・鎌倉市・逗子市	P.249

港区（赤坂・六本木）

レストラン

- 02 伊豆の旬 やんも ロケランチ … 11
- 06 鳥政 ロケランチ … 15
- 10 にっぽんの洋食 赤坂 津つ井 ロケランチ … 19
- 11 リトルリマ ロケランチ … 20
- 14 KNOCK CUCINA BUONA ITALIANA ロケランチ … 23
- 17 トゥーランドット臥龍居 ロケランチ … 26
- 22 新ばし 笹田 和食 … 32
- 31 季節料理 ふぐ 味満ん 和食 … 41
- 33 中国料理 榮林 中華 … 44
- 39 六本木 虎峰 中華 … 50
- 41 中華風家庭料理 ふーみん 中華 … 52
- 48 PRISMA イタリアン … 60
- 65 チョンギワ 新館 エスニック … 79
- 69 ステーキハウス ハマ 肉 … 84
- 87 APOC カフェ … 104
- 88 ホットケーキパーラー Fru-Full カフェ … 105
- 96 a Piece of Cake カフェ … 113
- 99 櫻井焙茶研究所 カフェ … 116

手土産

- 05 とらや 和 … 158
- 11 紅谷 和 … 164
- 23 APOC 洋 … 176
- 25 アニバーサリー 洋 … 178
- 26 西洋菓子しろたえ 洋 … 179
- 40 パレタス 洋 … 193
- 41 サン・フルーツ 洋 … 194
- 65 すし萬 大人数 … 218
- 66 呼きつね 大人数 … 219
- 67 おつな寿司 大人数 … 220
- 68 赤坂有職 大人数 … 221

港区（麻布・白金）

レストラン

- 05 魚可津 ロケランチ … 14
- 07 天ぷら魚新 ロケランチ … 16
- 21 麻布かどわき 和食 … 31
- 23 とく山 和食 … 33
- 28 鳥善 瀬尾 和食 … 38
- 29 うなぎ徳 和食 … 39
- 38 中国飯店 富麗華 中華 … 49
- 44 クチーナ ヒラタ イタリアン … 56
- 45 ヴィノ ヒラタ イタリアン … 57
- 46 トラットリア ケ・パッキア イタリアン … 58
- 47 Piatto Suzuki イタリアン … 59
- 52 ル ブルギニオン フレンチ … 65
- 53 FRANZ フレンチ … 66
- 61 Kitchen. エスニック … 75
- 76 おそばの甲賀 蕎麦 … 92
- 77 総本家 更科堀井 蕎麦 … 93
- 79 夢呆 蕎麦 … 95

手土産

- 01 麻布昇月堂 和 … 154
- 08 松島屋 和 … 161
- 18 たぬき煎餅 和 … 171
- 30 DUMBO Doughnuts and Coffee 洋 … 183
- 39 GELATERIA MARGHERA 洋 … 192
- 47 スーパー ナニワヤ 洋 … 200
- 60 浪花家総本店 大人数 … 213
- 63 おおひら 大人数 … 216

渋谷区（恵比寿・広尾）

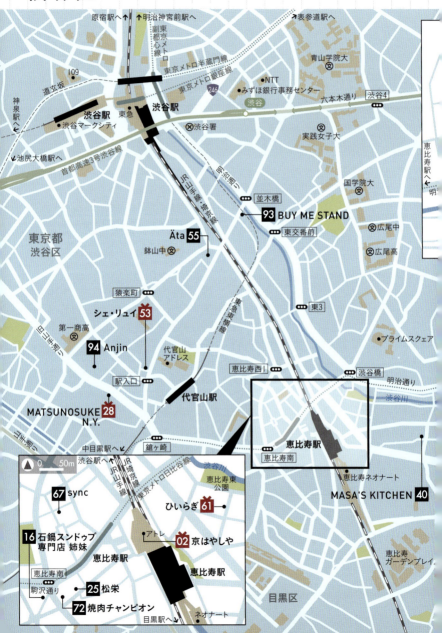

レストラン

- 15 中華香彩 JASMINE ロケランチ … 24
- 16 石鍋スンドゥブ専門店 姉妹 ロケランチ … 25
- 20 広尾 小野木 和食 … 30
- 25 松栄 和食 … 35
- 27 鶏 しま谷 和食 … 37
- 40 MASA'S KITCHEN 中華 … 51
- 55 Äta フレンチ … 68
- 57 鉄板焼よしむら 洋食 … 70
- 58 キッチンふるはし 洋食 … 71
- 67 sync エスニック … 81
- 72 焼肉チャンピオン 肉 … 87
- 93 BUY ME STAND カフェ … 110
- 94 Anjin カフェ … 111
- 102 明治屋 パン … 120
- 105 ベーカリー&カフェ 沢村 パン … 123
- 107 THE CITY BAKERY Hiroo パン … 125

手土産

- 02 京はやしや 和 … 155
- 03 船橋屋こよみ 和 … 156
- 09 果匠 正庵 和 … 162
- 28 MATSUNOSUKE N.Y. 洋 … 181
- 32 東京フロインドリーブ 洋 … 185
- 37 こぬれ広尾 洋 … 190
- 53 シェ・リュイ 大人数 … 206
- 61 ひいらぎ 大人数 … 214

渋谷区（神宮前・代々木）・世田谷区

243
MAP & INDEX

レストラン

- **08** とんかつ まい泉 `ロケランチ` … 17
- **13** スパゴ `ロケランチ` … 22
- **49** Pioppino `イタリアン` … 61
- **51** OGINO `フレンチ` … 64
- **54** Salmon & Trout `フレンチ` … 67
- **63** Pho 321 Noodle bar `エスニック` … 77
- **64** 台湾料理 麗郷 `エスニック` … 78
- **68** YOGORO `エスニック` … 82
- **71** CHACOあめみや `肉` … 86
- **83** うどん 慎 `うどん` … 99
- **95** THE ROASTERY `カフェ` … 112
- **106** カタネベーカリー `パン` … 124
- **108** 365日 `パン` … 126

手土産

- **29** haritts `洋` … 182
- **31** NATA de Cristiano `洋` … 184
- **43** ELLE café `洋` … 196
- **45** SHIBUYA CHEESE STAND `洋` … 198
- **48** TABLE OGINO `洋` … 201
- **57** ビストロ喜楽亭 `大人数` … 210

中央区・千代田区

MAP & INDEX

レストラン

- 01 竹葉亭 ロケランチ … 10
- 04 郷土・松江の味 銀座皆美 ロケランチ … 13
- 09 銀座 梅林 ロケランチ … 18
- 12 elbe ロケランチ … 21
- 34 家全七福酒家 SEVENTH SON RESTAURANT 中華 … 45
- 35 純広東料理 慶楽 中華 … 46
- 42 味坊 中華 … 53
- 80 神田まつや 蕎麦 … 96
- 81 銀座 佐藤養助 うどん … 97
- 90 ラウンジ ORIGAMI カフェ … 107
- 91 銀座千疋屋 カフェ … 108
- 92 銀座ウエスト カフェ … 109
- 98 竹むら カフェ … 115
- 100 Centre the Bakery パン … 118
- 109 HEART BREAD ANTIQUE パン … 127

手土産

- 07 空也 和 … 160
- 24 エシレ・メゾン デュ ブール 洋 … 177
- 33 ラウンジ ORIGAMI 洋 … 186
- 34 銀座千疋屋 洋 … 187
- 36 ピエール マルコリーニ 洋 … 189
- 42 なかほら牧場 洋 … 195
- 49 新世界グリル梵 洋 … 202
- 54 銀座 梅林 大人数 … 207
- 55 赤トンボ 大人数 … 208
- 56 チョウシ屋 大人数 … 209

目黒区

レストラン

- 03 米と麦とろの店 大黒屋 ロケランチ … 12
- 30 とんかつ とんき 和食 … 40
- 37 Hibusumaオリエンタルカフェ 中華 … 48
- 56 French Cuisine a Specialty ARGENT フレンチ … 69
- 62 Sugahara Pho エスニック … 76
- 70 ステーキハウス リベラ 肉 … 85
- 75 GOLDEN BROWN 肉 … 90
- 84 支那ソバかづ屋 ラーメン … 100
- 85 鶏舎 ラーメン … 101
- 89 果実園リーベル カフェ … 106
- 97 Le Soufflé カフェ … 114
- 110 ジャンティーユ パン … 128

手土産

- 06 御菓子所ちもと 和 … 159
- 15 福砂屋 和 … 168
- 38 キャトル 洋 … 191
- 58 巴裡 小川軒 大人数 … 211

品川区・大田区

レストラン

- 26 蕎麦割烹 武蔵小山 くらた 和食 … 36
- 74 ミート矢澤 肉 … 89
- 78 そば会席 立会川 吉田家 蕎麦 … 94
- 82 おにやんま うどん … 98
- 86 らーめん田 ラーメン … 102
- 103 breadworks パン … 121

手土産

- 22 守半海苔店 和 … 175
- 27 パティスリー モンシェール 洋 … 180

新宿区・文京区・豊島区

レストラン

- 59 ロシア料理 ソーニャ 洋食 … 72
- 101 イトウベーカリー パン … 119

手土産

- 04 紀の善 和 … 157
- 12 すずめや 和 … 165
- 16 毘沙門せんべい 福屋 和 … 169
- 46 パーク ハイアット 東京 デリカテッセン 洋 … 199
- 62 ラ・プレシューズ 大人数 … 215
- 64 大阪鮓 四谷 八竹 大人数 … 217

台東区・墨田区

レストラン

- 24 まめたん 和食 … 34
- 32 ふぐ料理 牧野 和食 … 42
- 60 ベトナム料理・ビストロ オーセンティック エスニック … 74
- 73 本とさや 肉 … 88
- 104 パンのペリカン パン … 122

手土産

- 10 竹隆庵岡埜 和 … 163
- 13 浅草雷門亀十 和 … 166
- 17 東あられ本舗 和 … 170
- 19 おいしい御進物逸品会 和 … 172
- 50 正華飯店 浅草直売所 中華 … 203

横浜市

レストラン

- **18** 中国家庭料理 山東　ロケランチ … 27
- **43** 中華料理 李園　中華 … 54

手土産

- **51** 金陵　中華 … 204
- **52** 清風楼　中華 … 205
- **59** KAMEHAMEHA BAKERY　大人数 … 212

川崎市・鎌倉市・逗子市

レストラン

- **19** 池田丸　ロケランチ … 28
- **50** PICCOLO VASO　イタリアン … 62
- **66** 珊瑚礁　エスニック … 80

手土産

- **35** エクレール・ド・リーブ　洋 … 188

STAFF

撮影・文	ariko
装丁・デザイン	細山田 光宣　南 彩乃（細山田デザイン事務所）　横村 葵
地図制作	アトリエ・プラン
校正	東京出版サービスセンター
編集	青柳有紀　森 摩耶　金城琉南（ワニブックス）

arikoの
黒革の便利帖

著者　ariko
2018年2月3日　初版発行

発行所	株式会社ワニブックス 〒150-8482 東京都渋谷区恵比寿4-4-9 えびす大黒ビル
電話	03-5449-2711（代表） 03-5449-2716（編集部） ワニブックスHP http://www.wani.co.jp/ WANI BOOKOUT http://www.wanibookout.com/
印刷所	凸版印刷株式会社
DTP	株式会社三協美術
製本所	ナショナル製本

定価は表紙に表示してあります。
落丁本・乱丁本は小社管理部宛にお送りください。送料は小社負担にてお取替えいたします。ただし、古書店等で購入したものに関してはお取替えできません。
本書の一部、または全部を無断で複写・複製・転載・公衆送信することは法律で認められた範囲を除いて禁じられています。

©ariko 2018
ISBN 978-4-8470-9627-3

※本書に掲載されている情報は2017年12月現在のものです。店舗や商品は情報が変更となる場合がございます。